Hans-Peter Schneider
Weihnachten lieben und leben

 *Hans-Peter Schneider* wurde 1981 in Eichstätt/Bayern geboren und ist in Preith aufgewachsen. Für sein Studium zog er 2002 nach München, wo er heute noch lebt.

Er ist nun Gymnasiallehrer für Deutsch und Geschichte. Des Weiteren ist er als Schauspieler, Moderator und Regisseur im Laienbereich aktiv.

Seine erste Buchveröffentlichung „Weihnachten lieben und leben" war über zwei Monate in den Top 15 der BOD-Bestsellerliste, vier Wochen davon auf Platz 7.

Außer den Veröffentlichungen seiner Weihnachtswerke hat er bisher das Bayerische Rock-Musical „Der Gutmensch" (mit Dominik Kögler und Michael Simon) und die bayerische Komödie „S' Gred" veröffentlicht. Sein Kindergeschichtenbuch „Die kleine Biene Naseweiß", das von Christiane Franke illustriert wurde, erscheint Ende 2009.

www.h-pschneider.de

Hans-Peter Schneider

Weihnachten

lieben und leben

Bayerische Weihnachtsgedichte und
Weihnachtsgeschichten
zum Schmunzeln, Lachen und Nachdenken

BOD

Bibliografische Information der Deutschen Nationalbibliothek
Die Deutsche Nationalbibliothek verzeichnet diese Publikation in der
Deutschen Nationalbibliografie; detaillierte bibliografische Daten sind
im Internet über http://dnb.d-nb.de abrufbar.

© 2008/2009 Hans-Peter Schneider
2. Auflage 2009
www.h-pschneider.de

Herstellung & Verlag: Books on Demand GmbH, Norderstedt
Titelbild: Stefan Auf der Maur
Covergestaltung: Christiane Franke
Satz und Layout: Schneider-Produktion
Danke an alle Lektoren
Printed in Germany

ISBN: 978-3-8370-6273-1

INHALT

Weihnachten lieben

– Mit rui Gfui

DA SCHEENSTE DOG IM JOAHR FÜRS KIND

Die ganze Nacht koa Aug' zua gmacht,
hin und her draht, vui zvui dacht.
Um sechs Uhr friah stand i dann auf,
ging leis' zu meine Eltern nauf.
Bin nei gschlupft unter d' woarme Deck' –
heit schickas mi net wieda weg.
Woarm und kuschlig lag i da.
Mama, Papa, d' Stund' is nah!

Um Achte kriach ma aus'm Bett;
sofort werd nur vom Christkind gred'.
Wann kummts? Wo fliagts? Und derf i's sehng?
Und wo's werd's untern Christbaum leng?
„Geduld, Geduld, mei kloaner Mo",
bestimmt mei Vater, lacht mi o,
„davor ham mir no vui zum dua,
drum Ohren auf und Klappe zua!"

Beim Frühstück konnt i net vui essen,
woar nur nervös am Stuhl drobngsessen.
Dann endlich stand mei Vater auf
und ging mit mir zum Speicher nauf.
Lametta, Kugeln, Engaln, Bänder,
Figuren, Kripp' und Christbaumständer –
ois zogen wir da obn heraus,
denn wir brauchten's doch fürs Haus.

Um Elfe stand da Christbam stolz,
geschmückt mit Engaln gschnitzt aus Holz.
Drunter ham ma d'Kripp' aufgstellt,
mit kloane Lampal ois erhellt.
Auf Moos, so weich wia Engelshaar,
stand und lag die Hirtenschar.
Dazu kam weihnachtlicher Klang
mit hellem, liabevollem Gsang.

Leider woars no goar net spat,
am liabsten hätt i d' Uhr vordraht.
Mittagessen, Kaffeetrinka,
dazwischen in a Spui vasinka –
vui z' langsam ging's heit rum, die Zeit;
da Abend schien no vui zu weit.
Oh kannten d' Stunden schneller ziahng
und s' Christkind heuer früher fliang!

D' Kindermettn woar um Vier
in altbekannter Kindmanier.
Beim Krippenspui mach i den Hirt,
mei Freind, der Franz, der woar da Wirt,
d' Franzi is d'Maria g'wesen,
da Max, der hod den Josef glesen.
Mei ganze Klass' hod gern mitgwirkt;
am End' ham ma a Gschenkal kriagt.

Auf'm Hoamweg woar da Ort
vawandelt. Aller Lärm woar fort.
A Ruah' is eikehrt in die Gassn.
Da Streit hoad heit mei Dorf valassn.
Die Leuchtstern' glänzten still und hell.
I muass hoam, es kummt, macht's schnell!
Mei Vater deit' nur ruhig zum Schnee:
„Schau wia's glänzt. Is des net schee?"

13

Ja! Vazaubert is heit d' Welt.
Des Christkind hod uns Fried' bestellt.
Da Schnee knirscht sanft, zart weht da Wind,
nach Haus' da kummt heit jedes Kind.
Da oanzig' Dog im ganzen Joahr,
an dem nur Ruah und Frieden woar.
Mei Vater schliaßt mi in die Oarm –
i schnauf ganz leis', mei Herz werd woarm.

Dahoam hod d' Mutter auf uns gwart',
doch i hob nur auf d' Stubntür gstarrt.
Die woar leider scho zuagsperrt –
und wieda hob i's heit net gheart
als s' Christkindal bei uns da woar.
Na ja, dann seh i's nägsdes Joahr.
Durchs Schlüsselloch luar i kurz nei –
i seh am Schlüssel net vorbei.

„Z'erst werd gessen, dann werd gluart!",
sogt mei Vater, i hob gspuart.
Schnell hob i die Wiarscht' vadruckt,
beim Limo trinka mi vaschluckt.
Endlich woars dann aa so weit,
mei Vater schiabt sei Speis' zur Seit'.
Mei Mutter schliaßt die Stubntür auf –
mei Herz schlogt wia im Dauerlauf.

Die Stubn, sie glänzt im Kerzenschein,
scheena kanns grod nirgends sein.
Die Gschenkal liagn dort unterm Bam,
i steh davor, brav wia a Lamm.
„Etz hock ma uns z'erst bissl nieder
und singa d' oiden Weihnachtslieder.
Dann sogst uns no dei scheens Gedicht",
liabevoll ´s mei Mutter spricht.

14

Als letztes sing ma ‚Stille Nacht'.
I spür dabei die stille Macht,
die vo diesem Dog ausgeht
wia wenn a Hauch vo Liebe weht.
Dann backel i die Gschenkal aus,
da kummt goar mancher Wunsch heraus.
I gfrei mi über alle Sachen
und kann vagnügt und glücklich Lachen.

Hundsmiad fall i danach ins Bett.
Ach, wia woars heit liab und nett.
Mei, ois schien doch no so weit!
Mei, wia hob i mi drauf gfreit!
Vui zu schnell is ois vaganga –
kannt's net morgn vo vorn ofanga?
I schlupf unter d' Decken nei
und schlafe zfrieden lächelnd ei.

A RUAH KEHRT EI

A Ruah kehrt ei
Ins Herz und Haus
Was kann des sei?
Was kummt da raus?

Leis hört ma's scho
Net mit die Ohrn
Die Welt werd froh
Christ is geborn

A Freud kehrt ei
Ins Herz und Haus
Lasst's euch drauf ei!
Sperrt's sie net aus!

WÄRME IN DEN HERZEN

Gold'ne Flocken schweben,
bedecken Stadt und Land.
In Häusern voller Leben
knüpft sich das Weihnachtsband.

Menschen, so verschieden,
geben aufeinander Acht.
Glocken läuten Frieden.
Ein Licht erhellt die Nacht.

Vergessen alle Schmerzen.
Verschwunden Leid und Neid.
Die Wärme in den Herzen
und Freude weit und breit.

Frau Träne saß in ihrem Sessel vor dem Kamin. Während sie das prasselnde Feuer betrachtete, dachte sie an die vielen vergangenen Weihnachtsfeste, die sie mittlerweile einsam zu Hause gewesen war. Sie begann - wie jedes Jahr – zu weinen. Ihre Tränen tropften trostlos auf den Boden, wo sie durch die Wärme des Kamins schnell trockneten. Um ihr Haus wehte ein kalter, eisiger Wind und das Dunkel hatte bereits seit einigen Stunden die Welt um sie herum eingehüllt.

Frau Träne war wirklich alleine. Ihr Mann war vor vielen, vielen Jahren verstorben. Ihre Ehe war kinderlos geblieben und der Rest der Verwandtschaft und Freunde befand sich weit weg und wollte in dem Kreis ihrer Familie feiern.

Doch plötzlich klingelte es an der Tür. Frau Träne blickte vom Kamin auf und schaute durch rote, verweinte Augen auf die Uhr. Es war halb acht am Heiligen Abend. „Wer will so spät denn noch etwas von mir?", dachte sie bei sich. Sie nahm ein Taschentuch, wischte sich so gut es ging die Tränen aus dem Gesicht, ging zur Tür und öffnete diese bedächtig. Da blickte sie ein Mann in zerlumpten Kleidern und etwa in ihrem Alter erwartungsvoll an. Er war ein Bettler.

„Guten Abend", sagte sie überrascht, „was kann ich für Sie tun?"

Der Mann antwortete nicht. Doch durch den dichten, grauen Vollbart war deutlich ein Lächeln auf seinen Lippen zu erkennen. Auf seltsame Weise fand es Frau Träne aufbauend, dass das freundliche Gesicht des Fremden ihre einsame Nacht erhellte. Der Mann lächelte weiter. Frau Träne begrüßte ihn noch einmal und fragte ihn wiederum, was er wolle. Da zog der Mann einen alten, zerfledderten Block und einen Stift aus einem vergilbten Stoffbeutel und begann etwas auf die vorderste Seite zu schreiben. Als er nach einiger Zeit fertig war, hielt er Frau Träne lächelnd das Blatt entgegen. Sie las:

„Guten Abend und wunderschöne Weihnachten. Ich heiße Erwin Schmunzel und bin stumm. Ich ziehe umher und habe kein Zuhause. Ich wollte Sie nur bitten, mir eine Tasse Tee herauszubringen, damit es mir in dieser eisigen Nacht ein bisschen wärmer werden kann. Dann bin ich auch schon wieder weg. Bitte haben Sie keine Angst vor mir!"

Frau Träne wusste zunächst nicht, was sie davon halten sollte. Es war schon sehr seltsam, dass dieser Mann gerade am Heiligen Abend zu ihr kam und sie um eine Tasse Tee bat. Sie überlegte kurz, doch schließlich lud sie ihn ein, zu ihr hereinzukommen. Erst jetzt bemerkte sie, wie sehr er am ganzen Leib vor Kälte zitterte. Sofort holte sie eine warme Decke, wickelte ihn fürsorglich darin ein und forderte ihn freundlich auf, sich auf das Sofa zu setzen. Der Mann lächelte sie mit strahlenden Augen an. Doch Frau Träne war nun sichtlich erfreut darüber, am Heiligen Abend doch nicht ganz alleine sein zu müssen. Schnell ging sie in die Küche, setzte Teewasser auf, holte einen Knochen zum Suppekochen aus der Gefriertruhe und bereitete ein wenig Brot und Wurst vor.

Als sie mit der Tasse Tee in der Hand wieder zu Herrn Schmunzel kam, hielt der ihr mit freundlicher Miene einen Zettel entgegen, auf den er geschrieben hatte:

„Vielen herzlichen Dank! Sie sind wirklich sehr freundlich zu mir. Eigentlich wollte ich doch nur schnell eine Tasse Tee und Sie bitten mich herein und schenken mir Wärme. Ich wollte Ihnen keine Umstände machen. Schon seit langer Zeit wurde ich von einem Menschen nicht mehr so nett behandelt."

„Na, na, jetzt warten Sie erst mal, bis Sie richtig gegessen haben!", antwortete Frau Träne. Dennoch war ihr die

Freude über diese Zeilen anzumerken: „Kann ja nicht sein, dass Sie am Heiligen Abend allein durch die Gegend laufen und nirgends was Warmes zu essen kriegen. Das werde ich schon ändern!"

Sie ging wieder in die Küche, holte die fertig gekochte Suppe, die Wurst und das Brot. Herr Schmunzel verschlang das Essen, doch vergaß er dabei nie, Frau Träne immer wieder dankbar zuzunicken und zu lächeln. Es schien, als erhellten sein Lächeln und seine Freude das gerade noch so triste Wohnzimmer mit unsagbarem Glück.

Da läutete es erneut an der Tür. Frau Träne war überrascht, dass noch jemand zu ihr kam, ging zum Eingang und öffnete zögernd die Tür. Da sagte ein junger Mann zu ihr:

„Schönen Abend und frohe Weihnachten. Es tut mir leid, dass ich Sie in der Heiligen Nacht störe, aber mein Auto hat 300 Meter von hier seinen Geist aufgegeben und ich muss nun auf den Abschleppdienst warten. Es ist bitter kalt draußen und ich friere. Wenn es blöd läuft, kann das bis morgen früh dauern. Ich habe bei Ihnen Licht gesehen und habe mir gedacht, dass ich Sie frage, ob ich mich vielleicht ein wenig bei Ihnen aufwärmen könnte. Wenn es zu unverschämt ist, dann gehe ich natürlich wieder. Ich kenne mich in dieser Gegend leider nicht aus und habe auch nirgends ein Hotel oder eine Wirtschaft gesehen."

„In unserer Gegend ist wenig los und Hotels haben wir hier nicht. Aber ich lasse Sie natürlich nicht in der Kälte stehen. Sie sind nicht der einzige, der heute meine warme Stube der kalten Straße vorzieht. Kommen Sie herein, Herr..."

„Wort", entgegnete der Mann, „ Johann Wort."

Sie gingen ins Haus. Frau Träne wies Herrn Wort den Platz auf dem Sofa neben Herrn Schmunzel zu, der den

Neuankömmling mit einem freundlichen Lächeln will-
kommen hieß. Herr Wort erwiderte dieses und begrüßte
ihn ebenfalls:

„Wunderschönen guten Abend und frohe Weihnachten,
Herr ..."

„Oh Entschuldigung, ich habe das Vorstellen verges-
sen", bemerkte Frau Träne, während sie schon wieder auf
dem Weg zur Küche war. „Das ist Herr Schmunzel. Er
war auch alleine in dieser kalten Nacht und wärmt sich
nun ein bisschen bei mir auf. Er ist stumm."

Herr Schmunzel nickte zustimmend.

„Also dann, frohe Weihnachten, Herr Schmunzel", führ-
te Herr Wort den Satz von vorher zu Ende.

Die beiden Herren schienen sich auf Anhieb gut zu ver-
stehen. Da kam schon Frau Träne wieder, die schnell in
der Küche noch einen Teller für Herrn Wort geholt hatte.
Sie setzte sich den beiden Männern gegenüber auf einen
Sessel und sagte zu Herrn Wort: „Wenn ich so offen fra-
gen darf, Herr Wort: Warum fahren Sie am Heiligen A-
bend mit dem Auto durch die Gegend und feiern Weih-
nachten nicht zu Hause?"

„Eben weil ich Weihnachten zu Hause feiern wollte,
fuhr ich durch diese Gegend", erwiderte Herr Wort.
„Mein Chef hat mich heute zu einem Meeting nach Salz-
hausen geschickt, ob ich nun wollte oder nicht. Doch
danach fuhr ich sofort los, um zu meiner Frau und mei-
nen zwei Kindern heimzukommen. Wir wohnen noch ein
ganzes Stück von hier entfernt und ausgerechnet heute
muss mein Auto kaputtgehen. Na ja, ich habe meine Kin-
der angerufen und ihnen versprochen, dass wir morgen
den Heiligen Abend nachfeiern. Sie haben es verstanden
und ich bin mir sicher, dass sie sich sehr auf morgen freu-
en."

„Wie kann ihr Chef nur so herzlos sein!", empörte sich Frau Träne und schöpfte jedem der beiden noch einen Teller Suppe.

„Ach, wissen Sie", antwortet Herr Wort, „mein Chef sagt, Geschäft ist Geschäft und steht über Allem. Ich muss genau so denken, sonst wäre ich bald arbeitslos. Und meine Familie müsste dann mehr und viel Schlimmeres in Kauf nehmen als einen Heiligen Abend ohne ihren Vater."

Da nahm Herr Schmunzel Stift und Zettel zur Hand und schrieb:

„Ich finde es schlimm, dass es Leute gibt, die so denken wie ihr Chef. Gerade deshalb finde ich es umso schöner, dass es auch noch Menschen gibt, die zu Weihnachten andern eine Freude machen. Ich danke Ihnen, Frau Träne, für dieses wunderschöne Weihnachtsfest."

„Wunderschön?!?", fragte Frau Träne. „Wunderschön, na ja, ich weiß ja nicht. Ich kann Ihnen doch nicht viel geben, ich war schließlich gar nicht auf Besuch eingestellt. Diese Suppe und das bisschen Tee kann ja noch kein schönes Weihnachtsfest sein."

„Nein, nein, Herr Schmunzel hat schon Recht", widersprach Herr Wort freundlich. „Für mich ist es hier so wie Weihnachten sein sollte. Sie haben uns aufgenommen, ohne viel zu fragen. Sie haben uns zu essen und zu trinken gegeben. Sie waren einfach nur freundlich zu uns, ohne uns überhaupt zu kennen. Sie sind eine beeindruckende Frau. Ich danke Ihnen."

Auf einmal lachte Herr Schmunzel laut auf. Die anderen beiden sahen ihn verwundert an. Er schrieb:

„Wissen Sie, was jetzt schön wäre?"

Frau Träne und Herr Wort schauten sich an und schüttelten verwirrt den Kopf.

„Ich würde es schön finden, wenn wir zusammen Weihnachtslieder singen. Ich wünsche mir ein Lied und Sie beide singen es gemeinsam. Was halten Sie davon?"

„Sie haben Ideen, Herr Schmunzel", erwiderte Frau Träne unsicher lächelnd. „Ich habe schon ewig nicht mehr gesungen und ich glaube auch nicht, dass Herr Wort das möchte."

„Da täuschen Sie sich aber, meine Liebe", antwortete dieser freundlich aber bestimmt. „Ich würde sehr gerne mit Ihnen singen. Gemeinsam Weihnachtslieder zum Besten geben ist doch schließlich das Schönste der Weihnachtswelt."

Frau Träne lachte erfreut auf. Sehr gerne wollte sie singen. Sie hatte sich vorher nur nicht getraut, dies zuzugeben, da sie nicht mit einer solchen Zustimmung gerechnet hatte.

„Dann lasst uns singen!", rief sie glücklich aus.

Herr Schmunzel schrieb nun sein erstes Wunschlied auf einen Zettel. Es war „Süßer die Glocken nie klingen". Grinsend hielt er den anderen beiden den Zettel hin und begann danach wie ein Dirigent mit den Fingern den Takt vorzugeben. Da er sein Dirigieren noch mit absichtlich theatralischen Gebärden untermalte, mussten Frau Träne und Herr Wort aus tiefstem Herzen über den Witz des armen Mannes lachen. Schließlich gab er den beiden ihren Einsatz und sie begannen zu singen. Plötzlich veränderte sich der Raum, in dem sie saßen. Er wurde zum prachtvollsten Weihnachtszimmer, das man sich nur vorstellen konnte. Das spärliche Kerzenlicht schien mehr Wärme und Wohligkeit auszustrahlen als die größten Kerzenleuchter der Welt. Eine unvorstellbare Freude erfüllte in dieser Stunde den Raum und Frau Träne fühlte sich, als könne sie das Weihnachtsglück mit Händen fassen.

Sie hätten die glücklichen Gesichter der Drei sehen sollen, wie sie da so saßen und sangen. Herr Schmunzel wurde nicht müde, immer neue Lieder auf seinen Zettel zu schreiben und die anderen zwei sangen und sangen und sangen. Längst waren alle Sorgen aus ihren Herzen verschwunden. Nun war wirklich Weihnachten.

Schließlich schrieb Herr Schmunzel „Stille Nacht" auf seinen Zettel und gab liebevoll den Takt vor. Nie hatte Frau Träne den Klang dieses Liedes wunderbarer empfunden als in diesem Moment. Während sie sangen, begann sie wieder zu weinen, doch diesmal noch fester als zuvor.

Aber sie weinte nicht, weil sie einsam war. Sie weinte nicht, weil sie keiner beachtete. Nun weinte sie, weil ihr zwei fremde Männer das schönste Weihnachten geschenkt haben, das sie seit dem Tod ihres Mannes erlebt hatte. Seit damals hatte sie nicht mehr so viel Freude und Wärme gefühlt.

Sie sangen noch die letzte Strophe zu Ende. Dann kehrte eine friedvolle Ruhe in dem kleinen Raum ein. Nur das Feuer gab ab und an knisternde Laute von sich.

Als Frau Träne am nächsten Morgen erwachte, saß sie in ihrem Sessel. Ein leichtes Frösteln überkam sie, das Feuer war mittlerweile aus. Unsicher schaute sie umher. Nichts war mehr von Herrn Schmunzel oder von Herrn Wort zu sehen, die ihr ein solch wundervolles Weihnachtsfest bereitet hatten. Und nichts deutete auf Besuch in der gestrigen Heiligen Nacht hin. Eine einsame Träne lief ein letztes Mal still und vorsichtig über ihre Wange.

WEIHNACHTSBANN

Hell erglühen dunkle Gassen
Reizend wehen Düfte
Licht wird nun die Welt umfassen
Freud steigt in die Lüfte

Menschen leben lieb und heiter
Wie im Weihnachtsbann
Lichtermeere fließen weiter
Zünden alle an

Oh, wie wundervoll die Zeiten
Glück schwebt auf die Welt
Licht, nun komm, du musst uns leiten
Schenk Frieden uns, der hält!

Weihnachten lieben

– Mit vui Fantasie

DER VIERTE KÖNIG

Ein jeder kennt die heilige Geschichte
von Kaspar, Melchior und Balthasar,
die einst suchten Gottes Lichte
und brachten ihm die Gaben dar.

Doch vergisst man dabei einen:
Den vierten Sternendeuter Ephraim;
der verließ nämlich die seinen,
weil er in d' andre Richtung ging.

Er war der Schlauste, wie er dachte,
und wollte nicht dem Stern nachjagen.
Weil's dann zwischen ihnen krachte,
musst' er die Gschicht' allein ertragen:

So berechnete der Weise
durch Physik und Knochenwürfe,
dass die Richtung für die Reise
nicht zum Stern hingehen dürfe.

So brach er nun nach Norden auf
mit seiner Gabe im Gepäck;
quält' sich so manchen Berg hinauf
und sah gar manchen düstren Fleck.

Nach zwei Jahr'n kam er nach Rom,
sein Ziel hat er damit erreicht.
Er suchte nun den Gottessohn –
doch das war nicht gerade leicht.

Augustus lebte dort im Trubel.
Die Senatoren liebten s' Dösen.
Ausm Circus hört' man Jubel:
Drum wollt' er dort ein Ticket lösen.

Er meinte: „Dort, dort muss er sein.
Für ihn, da jubeln wohl die Leut'."
Spazierte in d' Arena rein.
Er dacht', es sei sein Glückstag heut.

Das Schicksal spielt' ihm bös' nen Streich:
Er hat den falschen Eingang g'nommen.
Stand nun im Sand, ganz heiß und weich,
und ist dann unters Rad gekommen.

Drum wartet' nun der Gottessohn
sehnsüchtig auf die vierte Gabe.
Maria jammert' jahr'lang schon,
dass sie zu wenig Windeln habe.

Der Wunschzettel vom Christkind

Liebe Kinder,

lange habe ich mir überlegt, was ich mir heuer von euch wünschen soll. Sehr viele Wünsche sind mir eingefallen und deswegen kann ich euch nur die wichtigsten schicken. Es würde mir genügen, wenn ihr mir zumindest ein paar von diesen erfüllen könntet:

Ich wünsche mir Kinder, die noch Kinder sind.

Ich wünsche mir Kinder, die noch miteinander spielen.

Ich wünsche mir Kinder, die sich streiten und vertragen.

Ich wünsche mir Kinder, die auf Freunde Rücksicht nehmen.

Ich wünsche mir Kinder, die fremden Kindern ein Lächeln schenken.

Ich wünsche mir Kinder, die nicht jeden Wunsch erfüllt bekommen.

Ich wünsche mir Kinder, die Danke sagen können.

Ich wünsche mir Kinder, die lachen und weinen.

Ich wünsche mir Kinder, die wissen, was Weihnachten bedeutet.

Ich wünsche mir Kinder, die noch ein Strahlen in den Augen haben.

Ich wünsche mir Kinder, die noch Kinder sein wollen.

UND:

Ich wünsche mir Kinder, die noch Kinder sein dürfen.

Einen Abdruck dieses Wunschzettels habe ich an eure Eltern geschrieben. Vielleicht können sie euch ja dabei helfen.

Ein fröhliches Weihnachtsfest und schon im Voraus ein herzliches Dankeschön wünscht euch,

Euer Christkind

DAS SÜSSE WEIHNACHTSGANSERL EDELTRAUD

S' Weihnachtsganserl Edeltraud
hat sich im Stall den Kopf oghaut:
Schnabel prellt und Hirn erschüttert –
zum Glück war sie scho gut gefüttert.
Denn so wurde net lang gschaut
und ihr sofort der Kopf abghaut.

DER DICKE WEIHNACHTSKÄFER FRIEDOLIN

Der Weihnachtskäfer Friedolin
ließ sich vom Glanz des Baums anziehn.
Flog um die heißen Kerzen rum,
mit lautem Summ und großem Brumm.
Doch einer kam er dann zu nah –
Glühwürmchenflug ist wunderbar.

Das Schaufenster

Leise ertönte aus den Außenlautsprechern „Fröhliche Weihnacht überall". Das große Kaufhaus am Münchner Marienplatz erstrahlte hell im Glanz der weihnachtlichen Lichter. Ein Junge starrte dabei sehnsüchtig durch das Schaufenster, das wie jedes Jahr mit unzähligen Stofftieren liebevoll dekoriert war. Jedes Tier schien eine andere, eigene Geschichte zu erzählen und zu erleben.

…

„Hallo Bastian!" Der Junge blickte verwirrt umher. *Wer hatte ihn da angesprochen? Woher kam die Stimme?*

„Hey Bastian, hier unten sind wir." *Wo unten? Wer ist Wir?* Bastian schaute verwirrt umher. Plötzlich bemerkte er, dass ihn die beiden Bären erwartungsvoll anstarrten, die gerade über einer leicht glimmenden, elektrischen Feuerstelle ihr Essen zubereiteten.

„Habt ihr mit mir gesprochen?", fragte Bastian ganz leise die beiden Bären, so dass es keiner außer ihnen drei hören konnte.

„Na logisch. Oder siehst du hier noch jemand anderen, der Bastian heißt?"

Der Junge drückte sein Gesicht fester gegen die Glasscheibe. „Wer seid ihr denn?"

„Ich bin Claudia Bär und das ist mein Mann, der Johannes. Willst du mit uns essen? Wir haben Honigeintopf mit frischen Pilzen gekocht."

„Sehr gerne", antwortete Bastian, „aber leider seid ihr ja hinter der Glasscheibe und da kann ich nicht…" Er konnte seinen Satz nicht einmal mehr zu Ende bringen, da saß er schon an der Feuerstelle der beiden Bären und schaute sich verschreckt um.

„Keine Sorge, Bastian", beruhigte der alte Bär den Jungen, „nach dem Essen bringen wir dich wieder zurück." Der Junge wollte gerade fragen, wie er durch die Glasscheibe gekommen ist, als ihn die Ankunft eines seltsamen Tieres alles andere vergessen ließen.

„Isch bin der gestiefölte Katör", schrie ihm eine rauchige Stimme mit französischem Akzent zu, „isch bin der Rettör der Unterdrückten und der Helför für die Armen." Dazu fuchtelte der Kater mit seinem scharfen Degen vor Bastians Gesicht herum, um ihn schließlich die Spitze auf die Brust zu setzen und zu fragen: „Und wör bist du?"

„I, i…, ich bin Bastian Schmidtner", brachte der arme Junge ängstlich hervor.

„Nimm deinen Degen weg, Stiefel, sonst kriegst du kein Essen!", befahl Johannes Bär und kam dem Jungen zu Hilfe. Lächelnd fügte er in die Richtung Bastians hinzu: „Immer das gleiche mit diesen Katzen, kaum haben sie etwas Spitzes in der Hand, fühlen sie sich als wären sie die Größten."

„Isch bin keinö Katzö, isch bin ein Katör", wollte der gestiefelte Kater Johannes berichtigen. Doch da erhob sich der Bär zu voller Größe und blickte ihn streng und grimmig an, so dass der Kater ein bisschen Angst bekam.

„Gut, isch bin eine Katzö", flüsterte der gestiefelte Kater unterwürfig winselnd, „du hast wie immer Recht, Johannes."

„Dann ist ja alles gut", mischte sich Claudia ein. „Jetzt setzen wir uns und essen den leckeren Honigeintopf!"

Die Bärendame schöpfte jedem eine große Kelle voll in ein kleines, blaues Tellerchen und reichte es ihnen. Als letztes gab sie Johannes den Teller und streichelte ihm dabei zärtlich über sein Fell. Bastian, der hungrig schon zwei Löffel Honigeintopf verdrückt hatte, bemerkte, wie liebevoll sich die beiden Bären dabei ansahen.

„Ihr habt euch ganz schön gern, oder?", fragte Bastian und bekam während er sprach wässrige Augen.

„Oh ja, wir lieben uns sogar! Deswegen sind wir verheiratet", antwortete Johannes, der die Tränen auf Bastians

Wangen nicht wahrnahm. „Ich möchte mein ganzes Bärenleben mit meiner Claudia verbringen."

Da bemerkte die Bärendame, wie traurig Bastian wegen der Worte des Bären geworden war und fragte: „Weinst du, Bastian?"

„So schlecht schmöckt der Eintopf nischt, dass man darüber weinen muss, finde isch", warf der gestiefelte Kater ein, ohne sich über die Tränen Bastians große Gedanken zu machen und fügte an: „Wenn du ihn nischt willst, dann ess isch ihn."

Sofort erreichte ihn ein entsetzter und strenger Blick Claudias, der ihm deutlich machte, dass er lieber die Klappe halten sollte. Die Bärendame stand auf, ging um das Feuer herum und legte liebevoll ihren Arm auf Bastians Schulter.

„Willst du mir nicht sagen, was los ist, mein Junge?", forschte sie nach.

„Nichts, gar nichts! Mir ist nur Rauch vom Feuer in die Augen gestiegen."

„Dör Junge ist gut, ein Schlitzöhr", mischte sich wiederum der Kater ein und begann zu lachen. „Rauch aus dem Feuör in die Augen?!? Das ist ein bisschen schwierig bei Elektrobirnön. Aus dir wird einmal ein großer Mann, mein Junge. Wie isch in deinöm Alter war, hatte isch es genauso faustdick hinter den Ohren. Und nun bin isch…"

„Stiefel!", unterbrach ihn Johannes, der mittlerweile auch Bastians Traurigkeit bemerkt hatte. „Du bist der mit Abstand dümmste Kater, der jemals für unsere Majestät Dienst getan hat."

„Du hast misch Katör genannt, endlisch hast du misch Katör genannt, Johannes", jubelte der gestiefelte Kater voller Freude und Stolz. „Dumm bin isch vielleischte, aber dafür bin isch der Stärkste unter allen Katörn der Welt."

Johannes wollte gerade darauf antworten, als ein lautes Hüsteln Claudias den beiden Männern deutlich machte, dass es jetzt nicht um sie, sondern um Bastian gehe.

„Du kannst uns alles sagen, Bastian", sprach sie und streichelte dem Jungen liebevoll durch sein blondes Haar. „Irgendetwas bedrückt dich, nicht wahr?"

„Es ist nur so schön zu sehen, wie ihr zwei Bären euch lieb habt. Meine Eltern hatten sich auch mal so lieb. Und jetzt sagt Mama, Papa und sie haben sich einfach nicht mehr genug lieb. Papa ist weg. Ich glaube, er hat nicht nur Mama nicht mehr lieb, sondern auch mich nicht mehr. Wahrscheinlich mag Mama mich auch nicht mehr."

„Ach mein armer Junge!", flüsterte die Bärendame Bastian zu, nahm ihn in den Arm und drückte ihn ganz fest an sich. Johannes und Stiefel hatten den Worten Bastians gelauscht, lehnten sich aneinander und kämpften nun selbst mit den Tränen.

„Isch bin mir sischer, dass dich dein Papa und deine Mama immer noch mehr als alles andere lieb habön", sagte der Kater und die beiden Bären stimmten ihm nickend zu.

„Weißt du", fügte Johannes an, „Menschen sind halt manchmal sehr komisch, Bastian. Du musst dir einfach ganz fest vornehmen, dass du einmal anders wirst, wenn du groß bist."

„Ich möchte nie, nie, nie so komisch werden", versprach der blonde Junge. „Denkt ihr denn wirklich, dass Mama und Papa mich noch lieb haben?"

„Ganz sicher!", antwortete Claudia und drückte ihn wieder fest an ihr Herz. Plötzlich zog jemand grob von hinten an Bastian.

…

„Zu wem gehört dieser Junge?!?", eine spitze Frauenstimme schrie durch die Menge.

Bastian wurde unsanft am Kragen gepackt und aus seinen Träumen gerissen. Schnell wischte er sich so gut es ging die Tränen aus den Augen.

„Bastian, da bist du ja. Dich darf man wirklich nicht eine Sekunde aus den Augen lassen", rief Veronika Schmidtner, um dann leise in Richtung der spitzen Frauenstimme hinzuzufügen, „es tut mir wirklich leid. Ich weiß auch nicht, was mit ihm los ist. Seit mein Ex-Mann ausgezogen ist, scheint Bastian immer öfter mit seinen Gedanken woanders zu sein. Er ist seitdem sehr komisch…"

SAGT MAL, WISST IHR'S NOCH?

Werden auch die Stunden kürzer,
freuen wir uns doch.
Licht kommt bald in unsre Herzen,
sagt mal, wisst ihr's noch?!?

Mit dem Glanz des hellen Sternes
nahmen wir es wahr.
Hoffnung trat in unser Leben –
ist sie heut noch da?

Wenig' Menschen halten inne
in der staaden Zeit.
Doch ganz leis' erklingt die Stimme:
Mensch, mach' dich bereit!

WANN I IN HIMME NAUF SCHAU

Wann i in Himme nauf schau
und siehg des weiß-blau,
dann stell i mir vor,
dass drom vorm Himmestor
des Christkindal hockt,
mit die Engaln frohlockt;
da Petrus heart zua
und genießt diese Ruah.

Doch kammads kummt d' Weihnacht,
dann springa's obn auf.
Gibt koan mehr der frei macht
im himmlischen Haus.

Die Gschenkal werdn packelt,
da Schlitten poliert.
Da werd net lang gfackelt,
a jeder pariert.

Dann fliagt s'Christkind munta
ins Bayernland nunta.
Dort bsuachts alle Leit
in kürzester Zeit.
Mit goldenen Löckchen
und prächtigem Röckchen
erhellt's jeden Raum,
erfüllt's manchen Traum.

Vui z'schnell fliagt's dann leida
zum nägdsden Haus weida.
Dann miassn die Bayern
aloa weidafeiern.

Doch s' Scheenste bleibt z'rück:
Da Friede und s' Glück.

DER SCHNEEMANNRITTER KUNIBERT

Der Schneemannritter Kunibert,
der hatt' a scharfes Ritterschwert
dazua a edles Steckenpferd.

Obwohl sich dieser Kunibert,
stolz sitzend auf seim Steckenpferd
mit seinem tollen Ritterschwert,
stets über zu vui Licht beschwert,
blieb er doch lange unversehrt,
da ihm ein Baum das Licht abg'wehrt.

Weil Schneemannritter Kunibert
sich nicht nur übers Licht beschwert,
sondern d' Wärm' sei Leid vermehrt,
wurd' ihm des Leben doch erschwert,
da nur ein Baum und s' Ritterschwert
die blöde Hitz' net z' guad abwehrt.

Bald scho fiel Schneemann Kunibert
von seinem treuen Steckenpferd,
es purzelte das Ritterschwert
aus seiner Hand auf feuchte Erd'.
Ja, jetz is Schneemann Kunibert
nur noch die beiden Kohlen wert,
die ihm sein Augenlicht beschert.
Die liegen nun trist auf der Erd'
glei nebam schönen Steckenpferd.

Nun is er weg, der Kunibert,
vereint mit allzu feuchter Erd'.
Dort liegt er, nicht beneidenswert,
noch, bis der Winter Schnee beschert.
Doch Fallen d' Flocken auf die Erd',
kommt er zurück, der Kunibert.

Der Kunibert war's, der erfährt,
dass d' Wärme ihm des Lebn erschwert.
Doch darauf legte Kunibert
nun eher aber keinen Wert.
Drum schnappt' er sich sei Steckenpferd,
nahm in die Hand sei Ritterschwert,
und macht' auf seinem Absatz kehrt;
dann schnell noch über d' Wärm' beschwert,
er fühle sich wie auf am Herd,
wird Zeit, dass er den Rücken kehrt
der all zu warmen Wintererd'.

Nach Norden ritt der Kunibert
auf seinem stolzen Steckenpferd.
Hat auf seim Weg nicht umgekehrt
bis d' Kälte ihm sei Wohl beschert.

Am Nordpol steht nun Kunibert
zufrieden mit seim Steckenpferd.
Ihn lässt die Sonne unversehrt
an diesem kalten Fleckchen Erd'.
Der Schneemannritter Kunibert
hat sich nun gar nicht mehr beschwert,
war nun zufrieden, unversehrt,
hat nun sein Leid ganz abgewehrt.

Doch da kam Eisbär Engelbert
und hat dem Schneemann Kunibert
trotz seines großen Ritterschwert'
gar viele Prügel schnell beschert.
Wär' doch der arme Kunibert
auf seinem Weg noch umgekehrt,
dann ließe ihm der Engelbert
nun seinen Körper unversehrt.

Doch da kein Mensch am Pol verkehrt,
is keiner da, der Kunibert -
wieder aufbaun werd…

Drum lernts vom Schneemann Kunibert:
Wenn man sich auch so oft beschwert,
glaubt's net, dass nachher besser werd!

Weihnachten leben

– Mit de Leit

A DUNKLE GESTALT

A dunkle Gestalt,
die kummt aus'm Wald.
Ihr grusliges G'sicht
bei dämmrigem Licht
jagt Angst ei und Furcht.
Wen sie heit wohl suacht?
Dahinter a Frau
vor Kälte ganz blau.

Die Hoar stoin si auf.
Die G'stalt steigt herauf.
Da Schnee der fallt leis'.
Da Garten werd weiß.

Laut hallen die Schritt'.
I bitt di, i bitt,
verschon unser Tür!
Nimm d'andre dafür!
Nun stehn's scho davor
und i bin alloa.

Da klopft es scho laut,
an d' Tür werd highaut.
I lua durch an Schlitz,
da trifft mi da Blitz.
Die G'stalt schaut mi o,
welch grausliger Mo.
I öffne voll Furcht
für'd G'stalt, die mi bsuacht.

„San Sie die Frau Groh?"
„Ja, bin i. Wieso?"
„Wir bräuchten a Heim.
Gehns, lassens uns rein!
Mei Frau kriagt a Kind,
uns frierts drauß im Wind."
„Es duat mir so leid,
hob leider koa Zeit.
Bei mir kumma Gäst'
zum heiligen Fest.
Koa Zimmer is frei,
sonst ließ i eich nei.
Schauts einfach mal dort
und i muass jetzt fort!"

DER FRECHE BUAB AM NIKOLAUSDOG

Lieba guada Nikolaus,
kummst du aa zu mir ins Haus?!?
I woar ganz brav des ganze Joahr,
klingt zwar komisch, aber woahr!
Bei mir gibt's goar nix zu bemängeln.
Geh liaba zu de frechen Bengeln!

I war immer staad beim Essen,
bin fleißig an de Aufgabn g'sessen,
auf mei Muada hob i gheert,
eifrig hob i d' Straß' zammkehrt.
Meim Voda hob i d'Hausschuah bracht
und hob goar koan bees ausgelacht.

Weil i so a Engel war,
lass mei Gschenk doch oafach da.
Stell's vor d' Tür und geh geschwind,
zu de andern, schlimmern Kind.
Die schimpfst a moi so richtig aus
und reiß mei Seitn oafach raus.

NIKOLAUS GESTERN UND HEIT

Mit guad acht Joahr hob i entdeckt,
wer wirklich hinterm Nik'laus steckt.
Mei Nachbar woars mit weißem Bart,
der mir bestimmt und manchmal hart
gezeigt hat, was im Leben zählt.
Die Wirkung hod des nie verfehlt!

Heit woaß mit vier scho jedes Kind,
des Christkind und da Nik'laus sind
Erfindungen von schlauen Leuten,
ums Geld der Eltern zu erbeuten.
Wie schee woar doch mei Jugendzeit,
mit Angst, Respekt und Weihnachtsfreid.

„Bist du heuer schon wieder nicht fertig?", schimpfte der Krampus mich an der Haustüre und ließ seine Ketten rasseln. Mit schmutzigem Gesicht, einem wüsten Bart und eingewickelt in eine dicke, dreckig braune Lederjacke stand er vor mir. Man konnte direkt Angst vor ihm bekommen.

„Bleib mal locker, Krampus!", antwortete ich. „Es ist doch noch nicht so spät, oder?"

„Sei nicht so frech, sonst steck ich dich in meinen Sack", warnte er und ließ seinen Worten ein hämisches Lachen folgen.

„Ich fang gleich an mich zu fürchten, Krampus", sagte ich. „Aber ich denk, wenn du ein oder zwei Schnaps bekommen hast, lässt mich wieder laufen, oder?" Wir mussten beide lauthals lachen.

Es war endlich wieder so weit. Der 6. Dezember ist gekommen und mein bester Freund Elias und ich sind gleich wieder wie jedes Jahr als „der Nikolaus und sein treuer Knecht Ruprecht" in den Straßen unseres Heimatdorfes unterwegs. Ich zog mir das lange weiße Untergewand und den rot-goldenen Mantel an, dann kamen der weiße Bart und die goldene Bischofsmütze und zum Schluss schlüpfte ich in die großen, schwarzen Stiefel. Schnell noch das allwissende, goldene Buch und den Bischofsstab zur Hand genommen und schon konnte es losgehen.

Gerade wollte ich durch die Türe gehen, da fragte mich der Krampus schmunzelnd, ob ich nicht vielleicht eine Kleinigkeit vergessen hätte.

„Was hab ich denn vergessen?", erwiderte ich, der sonst so allwissende Nikolaus.

„Wie war das mit dem Schnaps zum Aufwärmen?", antwortete der Krampus. „Schließlich hat es draußen keine Badewettertemperaturen mehr."

Natürlich wurde mein Fehler sofort korrigiert und wir wärmten uns mit einigen Schlücken Hochprozentigem auf.

„Nun aber los, Krampus, mach die Kutsche startklar! Um halb sechs warten die ersten Kinder."

Wir gingen aus dem Haus und da stand unsere „Weihnachtskutsche": ein roter Opel Kadett, der nur darauf wartete, dass wir die Zügel locker ließen. Statt Engelsgesang wurde eine gute, alte Weihnachtskassette der Regensburger Domspatzen eingelegt und mit einem fröhlichen „Süßer die Glocken nie klingen" begannen wir unsere Nikolausreise.

Die Zwillinge

Nach einigen hundert Metern waren wir an unserer ersten Wirkungsstätte angelangt. Unsere Kutsche wurde in sicherer Entfernung zum Haus auf dem Seitenstreifen abgestellt und die Regensburger Domspatzen mussten für kurze Zeit verstummen. Ich quälte mich aus der Beifahrertür, da ich wegen des ausladenden Mantels doch erhebliche Bewegungsschwierigkeiten hatte. Schließlich standen wir beide neben unserem Gefährt und trafen die letzten Vorbereitungen: Der Krampus nahm in die rechte Hand den großen Sack und die Kette, in die linke Hand die Rute aus Haselnusszweigen. Seine Utensilien waren natürlich nur zur Zierde und statt Kinder steckte er lieber Geschenke für dieselbigen in den Sack hinein.

Ich zupfte meinen Mantel zurecht, zog die Mütze an, setzte mir eine Lesebrille auf meine von Natur aus etwas breitere Nase und nahm Buch und Stab in die Hände. Unter lautem Kettengerassel und „Grüß Gott, alle miteinander"-Rufen gingen wir zum Haus der Familie Gibel. Die beiden fünfjährigen Zwillingsschwestern Lena und Franziska schauten erwartungsvoll aus dem Fenster. Als sie uns kommen sahen, zogen sie schnell ihre Köpfe vom Fenster zurück und schlossen den Vorhang. Vor der Haustüre standen zwei Tüten voller Geschenke, die der Krampus schnell in den Sack verstaute, ehe er kräftig mit der Faust gegen die Eingangstüre klopfte.

Frau Gibel öffnete grinsend die Türe. „Grüß Gott, Nikolaus, bist du schon da", sagte sie mit lauter Stimme, damit es die Kinder hören konnten, um danach flüsternd weiter zu sprechen. „Grüß euch, schön, dass ihr da seid. Meine kleinen, frechen Mädels haben sich im Wohnzimmer versteckt, weil's ihnen dann doch ein bisschen mulmig geworden ist. Hier ist noch der Zettel über die beiden."

Sie reichte mir einen kleinen, karierten Zettel, den ich in das Buch schob, um dann hinter der Mutter in das Wohnzimmer einzutreten. Auf dem Sofa saß der Vater mit einem breiten Grinsen. Unter seinen beiden Achselhöhlen war jeweils eine der sonst so aufgeweckten Töchter und schaute mich mit großen, unsicheren Augen an.

„Guten Abend, liebe Mädchen", sprach ich mit tiefer, bedächtiger Stimme. „Kommt doch mal heraus zu mir!"

Erst nach einigem Zureden mütter- und väterlicherseits entschlossen sich die zwei Mädchen, meiner Aufforderung nachzukommen. Unsicher von einem Bein auf das andere tretend, standen sie vor mir. Nun fragte ich sie, wie sie hießen, wie alt sie seien, ob sie mich kennen und, natürlich ganz wichtig, ob sie meinen Stab halten wollten. Selbstverständlich wollten sie das.

Während sie sich an dem Stab festhielten, kam die Frage aller Fragen: „Schaut doch mal dieses große, goldene Buch an. In dieses Buch haben mir meine Engelein das ganze Jahr über aufgeschrieben, was alle Kinder auf der ganzen weiten Welt Gutes und auch Schlechtes getan haben. Soll ich da mal nachschauen, ob über euch auch was drin steht?"

Die beiden Zwillinge warfen sich gegenseitig einen Blick zu, der deutlich zeigte, dass sie angestrengt darüber nachdachten, wie sie am Geschicktesten aus dieser Zwickmühle wieder herauskommen könnten.

Schließlich sagte Lena mit einer leisen, unsicheren Stimme: „Ich glaube, da steht von uns überhaupt nichts drin."

Die Eltern, der Krampus und ich mussten lachen.

„Bist du der gleichen Meinung, Franziska?", fragte ich nun ihre Schwester.

„Ich weiß nicht so genau", antwortete sie überlegend, „könnte sein, könnte aber auch nicht sein."

„ Na ja, da werde ich doch lieber mal nachschauen", sagte ich mit einem unter dem dicken, weißen Bart versteckten Grinsen. Suchend blätterte ich im Buch, bis ich auf einen kleinen, karierten Zettel stieß, den mir meine Englein doch glatt zwischen die Seiten gelegt hatten.

„Aha, da hab ich euch doch glatt gefunden, Franziska und Lena. Da schauen wir doch gleich mal, was dieses Jahr alles gewesen ist".

Nun erfuhren die Mädchen also, dass sie öfter das Zimmer aufräumen und Flöte spielen sollten, dass sie freiwillig Zähne putzen und Hausaufgaben machen sollten; aber auch, dass sie immer fleißig ihren Eltern geholfen hatten und dass sie gut lernen und schön malen konnten…

„Wir haben für dich was gemalt, Herr Nikolaus", unterbrach mich Lena als ich diese Stelle vorlas.

Sogleich stürmte sie in die Küche, um kurz danach mit vier Blättern voller Figuren und Zeichnungen zurückzukommen. Drei bekam der Nikolaus und eine der Krampus, wobei dieser das Blatt aus gehörigem Sicherheitsabstand gereicht bekam.

„Ihr seid aber zwei liebe Mädchen", bemerkte ich. „Also, wenn ihr so brav ward und immer noch seid, dann haben mir meine Englein bestimmt ein paar Geschenke für euch mitgegeben. Soll ich da mal in den Sack hineinschauen?"

„Ja", riefen die beiden Mädchen wie aus einem Munde. Man merkte ihnen ihre Freude an, dass nach der beschwerlichen Pflicht nun endlich die entspannende Kür folgen würde.

„Aber zuerst", bat ich, „müsst ihr dem Krampus und mir noch ein Lied oder ein schönes Gedicht vorsagen."

Sie schmetterten ohne lange zu zögern das Lied „Lasst uns froh und munter sein", mit einer Inbrunst, wie es nur Kinder können. Nachdem ich sie wegen des schönen Gesangs gelobt und geklatscht hatte, ergriff ich die beiden Geschenktüten und überreichte sie den strahlenden Zwillingen.

„Nun muss ich aber weiter, liebe Kinderlein. Ihr wisst ja, es gibt so viele Kinder auf der großen, weiten Welt und die muss ich heute alle noch besuchen."

„Alle!?", fragte Franziska mit offenem Mund staunend nach.

„Ja, alle, du kleine Maus. Und jetzt lebt wohl."

Krampus ließ noch einmal seine Kette rasseln und dann machten wir beide uns wieder auf den Weg zu unserer Kutsche, mit der wir heute noch die ganze Welt bereisen werden. Mit großen, freudigen Augen winkten uns die beiden Mädchen nach, bis wir im Dunkel der Nacht verschwunden waren.

Der Neffe

Wir standen vor unserer Blechkutsche und erkannten, dass ein Opel Kadett als Nikolausfortbewegungsmittel doch ein allzu weltliches Gefährt ist. Alle Scheiben waren zugefroren und das Schlüsselloch ließ sich nicht aufsperren. Da standen wir also, Knecht Ruprecht mit seinem Sack, seiner Kette und seiner Rute und ich mit allen Dingen, die ein Bischof Nikolaus so brauchte, doch Enteisungsmittel zählte bei uns beiden nicht zur Standartausstattung. Es blieb uns also nichts anderes übrig, als unsere Opelkutsche stehen zu lassen und zurück zu meinem Haus zu laufen, um in eine Ersatzkutsche umzusteigen.

So kamen wir mit ungefähr einer halben Stunde Verspätung, dafür aber mit einer neuen Kutsche, beim nächsten Haus an. Es war das Haus meiner Schwester, die schon vor der Haustüre wartete, als wir dort ankamen. Mit dem üblichen „Grüß Gott, alle miteinander"-Auftritt schritten wir erneut zur Tat.

Wir betraten das hell erleuchtete Haus, ein Duft von Räucherkerzen lag in der Luft und aus dem Radio erklang leise Weihnachtsmusik. Schon stand mein vierjähriger Neffe Tobias vor dem Nikolaus und gab schüchtern Antwort auf meine Fragen.

Gerade erzählte ich die Geschichte von den Engelein, die das ganze Jahr für mich die Kinder beobachten, als Tobias mich unterbrach: „Bist du der Onkel Michael?"

Ich war sprachlos. Hinter mir hörte ich ein lautes Geräusch, das vermutlich von Knecht Ruprecht kam, der sich das Lachen mit aller Kraft verbeißen wollte, was ihm nicht wirklich gut gelang.

„Nein, lieber Tobias, da täuschst dich", erwiderte ich, nachdem ich einmal tief geschluckt hatte. „Ich bin doch der Nikolaus. Dein Onkel ist ganz weit weg."

Tobias schien mit dieser Aussage zufrieden zu sein und wollte nun gerne die Mitschriften der Engel hören, da er sich nicht vorstellen konnte, dass sie etwas Schlechtes aufgeschrieben hätten. Kaum hatte ich den Teil mit „Lieber Tobias, du musst deinen Eltern mehr im Haushalt helfen" erreicht, als mich mein Neffe wieder unterbrach und sagte: „Mein Onkel Michael redet genau so wie du."

„Dein Onkel hat halt auch so eine schöne Aussprache wie ich", antwortete ich mit einem Augenzwinkern.

„Der ist aber auch genau so groß wie du", bohrte Tobias nach.

„Dein Onkel hat halt genau so wie ich immer fleißig seine Mahlzeiten aufgegessen und darum ist er so groß geworden", klärte ich ihn auf, um mich aus dieser Situation herauszuwinden. „Und deshalb musst du auch immer alles, was dir deine Mama kocht, aufessen, damit du auch einmal so groß wirst."

Der Krampus konnte sich vor Lachen kaum mehr still im Hintergrund halten und amüsierte sich köstlich über meine verzweifelten Versuche, aus dieser kniffligen Situation wieder herauszukommen.

„Aber jetzt, lieber Tobias", versuchte ich wieder den Faden zu finden, „hörst du bitte auf immer abzulenken! Meine Engelein haben mir nämlich noch viel mehr aufgeschrieben."

Tobias gehorchte und starrte mich still und aufmerksam an. Mittlerweile las ich schon die positiven Ereignisse vor, wurde von Tobias aber ständig von Oben bis Unten gemustert und versuchte ihm durch eine noch tiefere Stimme und noch erhabenere Haltung zu zeigen, dass ich auf keinen Fall sein Onkel sei.

„Was mich ganz besonders freut, lieber Tobias, ist", ich war gerade beim zweiten positiven Punkt angelangt, „dass du immer fleißig mit deiner Mama und deinem Papa bastelst und malst…"

„Und mit dir", unterbrach mich Tobias.

„Was ist mit mir, Tobias?", fragte ich.

„Mit dir bastle ich auch immer gerne, Onkel."

„Lieber Tobias, ich bin nicht dein Onkel", erwiderte ich, immer mehr die Hoffnung verlierend, ihm das noch klar machen zu können.

„Dann hab ich halt mit dir gebastelt, Nikolaus", sagte Tobias.

„Nein, du hast nicht mit mir gebastelt, sondern mit deinem Onkel", antwortete ich.

„Weißt du, dass ich mit meinem Onkel gebastelt habe?", fragte Tobias neugierig.

„Aber natürlich weiß ich das", sagte ich, „schließlich sehen meine Engel alles. Und jetzt hör mir bitte wieder zu."

Tobias musterte mich wiederum bis ins kleinste Detail. Ich schloss nun das Loben ab und fragte ihn, ob er mir auch etwas vorsingen könne.

„Ich glaub fei, du bist schon der Onkel Michael", sagte Tobias statt einer Antwort.

„Nein, das bin ich nicht. Kannst du nun was singen?", sagte ich im vollen Bewusstsein meiner hoffnungslosen Situation. Knecht Ruprecht hatte schon Streifen in seinem dreckigen Gesicht, da ihm vor lauter Lachen Tränen über das Gesicht liefen, die die Schminke verwischten.

Tobias begann fröhlich „Alle Jahre wieder" zu singen. Als er fertig war, gab ich ihm seine Geschenke und erzählte ihm von den vielen Kinderlein, die unser Ersatzschlitten heute noch besuchen wird.

„Gell, Onkel Michael und nächstes Jahr verkleidest du dich wieder als Nikolaus und bringst Geschenke und wir feiern", sagte Tobias.

Ich grinste in meinem Bart hinein und sagte: „Ja, Tobias, nächstes Jahr komme ich wieder." Er lächelte zufrieden und schien sich schon jetzt auf das nächste Jahr zu freuen.

Kaum hatte meine Schwester die Tür geschlossen, platzte es aus Elias heraus: „Also Onkel Nikolaus, ich muss schon sagen, den hast jetzt aber wirklich vollkommen überzeugt."

Der liebe, kranke Mann

Wir saßen schon im Auto und wollten gerade losfahren, als meine Schwester hektisch winkend aus dem Haus herauslief. Schwer atmend stand sie vor unserem Gefährt und sagte: „Frau Müller hat gerade angerufen, ihr sollt euch bitte beeilen. Sie warten schon seit fast einer Stunde auf den Nikolaus. Herrn Müller geht es nicht so gut."

Sofort machten wir uns auf den Weg zur Familie Müller. Tatsächlich hatten wir mittlerweile einen Zeitverzug von knapp einer Stunde. Herr Müller war ein netter, älterer Herr, der Großvater von Eva und Daniel.

Schon als kleines Kind kannte ich den Müller Sepp, wie er von allen genannt wurde. Für uns Kinder hatte er immer ein Späßchen auf Lager und den Älteren erzählte er einen Witz nach dem anderen. Ich glaube, ich hatte ihn nie schlecht gelaunt erlebt. Für mich war der Müller Sepp der Inbegriff des gemütlichen und freundlichen Mannes, der im ganzen Dorf von allen geschätzt und gemocht wurde.

Doch an diesem Tag hatten wir Angst, dem Müller Sepp zu begegnen. Wir wussten, dass wir ihn nicht mehr so sehen werden, wie wir den Müller Sepp von früher kannten. Er war schwer an Krebs erkrankt. Seitdem die Ärzte die Krankheit diagnostiziert hatten, habe ich ihn nicht mehr gesehen. Als Elias und ich an das Haus heranfuhren, wussten wir nicht, was uns erwarten würde. Wir wussten nur, dass es unser schwierigster Auftritt als Nikolaus werden würde.

Georg, der Sohn vom Müller Sepp, erwartete uns freundlich lächelnd an der Eingangstüre. Wir entschuldigten uns für die Strapazen, die der Müller Sepp wegen uns erdulden musste.

„Kein Problem", sagte Georg, „es geht meinem Vater eigentlich im Moment ganz gut. So konnten wir wenigstens noch eine Stunde länger mit ihm ein bisschen Weihnachten feiern. Wer weiß, wie oft das noch möglich sein wird."

Seine Augen wurden feucht und man merkte ihm den Kampf gegen seine Tränen an. Er bat uns hinein. Während ich durch die Türe ging holte ich noch einmal ganz tief Luft und versuchte mich völlig auf meine Aufgabe zu konzentrieren.

„Guten Abend, liebe Kinder, guten Abend liebe Oma, guten Abend lieber…", kurz stockte ich als ich ihn sah, zwang mich aber sofort zum Weiterreden, „…Opa, guten Abend liebe Eltern."

Der Müller Sepp lag auf dem Sofa. Früher war er gemütlich dick gewesen, heute war er abgemagert und sein Gesicht faltig. Nur seine Augen, seine freundlichen und liebevollen Augen, waren dieselben, die ich schon seit so vielen Jahren kannte und gern hatte.

„Guten Abend, lieber Nikolaus", sagte der Müller Sepp mit leiser Stimme. Es war ihm anzumerken, wie schwer ihm das Reden fiel.

Auch die anderen Anwesenden begrüßten mich freundlich. Ich ließ die beiden Kinder meinen Stab halten, begann meine Geschichte zu erzählen und mit allen über den Nikolaus und seine Wohltaten zu sprechen. Die Kinder gaben mir brav Antworten und vergaßen nicht, dazwischen immer wieder den Opa zu fragen, ob es ihm gut gehe und ob er etwas brauche.

Eva und Daniel erfuhren von mir an diesem Abend, dass meine Engelein nur gute Dinge über sie aufgeschrieben hätten, dass sie so lieb zu ihrem Opa seien und sich immer um ihn kümmerten. Daniel ging daraufhin auf seinen Opa zu.

„Gell, Opa", flüsterte er ihm liebevoll leise ins Ohr und streichelte ihm über sein graues Haar, „wir kriegen das schon alles hin."

Ein Lächeln huschte über die Lippen des Opas.

„Ja, mein Kind", antwortete er mit schwacher Stimme, „ja mein Kind, wir kriegen alles hin."

Als ich in die Augen der anderen sah, bemerkte ich, dass sie feucht waren. Und auch ich kämpfte gegen die Tränen an. Die Kinder sangen mir noch ein paar Lieder vor. Wir vergaßen die Zeit, aber das war nicht schlimm. Schließlich gab es in diesem Augenblick Wichtigeres als unseren nächsten Auftritt. Es war eine wundervolle Nikolausfeier im Müllerhaus.

Als ich mich schließlich zum Gehen bereit machte, blickte ich noch einmal in die Augen des Müller Sepps. Sie strahlten. Wenn auch sein Körper schwer vom Krebs gezeichnet war, so vermochte es diese grausame Krankheit nicht, seine Augen so zu schwächen, dass sie keine Freude mehr zeigen konnten. Noch einmal huschte über seine Lippen ein zartes Lächeln. Krampus und ich gingen aus dem Haus. Draußen wussten wir, dass es zwar unser schwierigster Auftritt gewesen war, den wir je gehabt hatten. Aber wir waren uns auch sicher, dass wir noch nie zuvor so viel Liebe und Herzlichkeit in einem Raum gespürt haben.

Später an diesem Abend rief bei mir die Oma Müller an. Ich war noch nicht zu Hause. Meine Mutter sprach mit ihr. Sie bedankte sich, dass ich mitgeholfen hatte, ihrem Mann einen so wunderschönen Abend zu bereiten. Man habe es ihm richtig angemerkt, wie viel Kraft und Freude er aus diesem wundervollen Auftritt gezogen habe.

Als mir meine Mutter das erzählte, war ich glücklich und erleichtert. Ich hatte Angst gehabt, ihm könnte es nicht gefallen haben oder der Abend hätte ihn zu sehr angestrengt. Doch ich war auch froh, dass ich nicht persönlich am Telefon gewesen bin. Wenn Frau Müller mir das selbst gesagt hätte, wäre ich wohl nicht fähig zu einer Antwort gewesen und hätte mit den Tränen kämpfen müssen.

Zwei Wochen später ging ich noch einmal zum Müller Sepp. Ich war einer von vielen hundert Menschen, die ihn auf seinem letzten Weg begleiteten. Leider konnte ich ihn nicht mehr sehen, doch in meinem Herzen bleiben für immer das Strahlen seiner Augen und das Lächeln seiner Lippen.

KINDERGEDANKEN

Mei Onkel geht als Nikolaus.
Die Mama kummt als Christkind.
Der Opa ist der Osterhas'.
Ja glaubt's ihr, dass wir blöd sind?!?

DER SCHNEE WAA SO SCHEE

Kaum kummt drauß' die weiße Pracht,
die d' Frau Holle hat gemacht,
hält's dahoam koa Kind mehr aus.
Wolln zum Schlitten foahrn hinaus.

Schlitten schnell vom Speicher holen,
Schuah oziahng mit Wintersohlen,
in'd Handschua, Mützn eini gschlupft,
Schlitten glei auf'd Schulter glupft.

Dann rutschn d'Kinder aa scho los
über'd Hügel, kloa wia groß.
Ham koa Angst, foahrn oafach zua,
ganz gleich ob Madel oder Bua.

Solang die Oiden z' Hause bleibn,
genießen d' Kinder s' weiße Treibn.
Und fliagt aa moi a Schneeball rum,
a Kind bringt des no lang net um.

Doch san d' Oiden erst dabei,
geht's glei los mit Jammerei:
„Kind, pass auf!" „Dua net so wüd!"
„Verletz di net!" „Bist net scho müd'?"

Vor lauter „Vorsicht!" vo die Oiden,
werd's schwaa, den Spaß dro zu behoiden.
Leit, lasst's oafach d'Kinder macha,
lasst's es schpuin und lasst's es lacha.
Lasst's es oafach moi austobn!
Hoid's eich z'ruck und bleibt's am Bodn!

OPA THEODOR UND SEIN EISSTOCK

Opa Theodor, der alte Schieber,
war Eisstockschützen Mannschaftsleader.
Keiner schob so schön wie er
den Eisstock zielgenau umher.
Und wird es auch gar oft verkannt,
ist's doch als Sportart anerkannt.

Tag täglich geht der Theodor
zum Weiher drunt am Städtchentor.
Die Spannung ist dort greifbar nah
beim Ehrgeiz der Seniorenschar.
Team Zweistock ist der Favorit,
Team Hohe Stirn spielt vorne mit.
Team Zahnlos ist dagegen nur
Kanonenfutter für Team Kur,
das aus Spielern nur besteht,
deren Kur ins Städtchen geht.
Team Ischias war ein wenig steif
in den Hüften und im Steiß.
Von Team Prostata da warn
sie mehr am Klo als auf der Bahn.
Team Alzheimer, das trat nicht an,
denn es vergaß wie, wo und wann.
Team Kugelrund wurd ausgeladen,
sonst nähm das Eis zu großen Schaden.

Theodor, der spielt groß auf,
hat in seim Zweistockteam nen Lauf,
war kaum zu stoppen noch zu schlagen,
den andern Teams ging's an den Kragen.

Dann kam es zum Finalshowdown:
Zweistock und, man glaubt es kaum,
die Männer von Team Prostata –
nach einer Stund warn alle da.
Doch was war los, was wurd da gspielt:
Theodor hat schlecht gezielt,
verfehlte s' Ziel um große Längen,
schon gab es Raunen auf den Rängen.
War er nervös? War er nicht fit?
Zieht er sein Team in Abgrund mit?
Der kalte Schweiß stand auf der Stirn
und Theodor begann zu friern.
Team Zweistock traf nicht mehr ins Ziel.
Unglaublich, doch der Favorit … er fiel!

Team Prostata siegte am See,
gewann ne Schachtel Blasentee
und liefert somit den Beweis:
Viel Klogehn ist nicht nur ein Scheiß.

DIE WEIHNACHTSFEIER

Zur Weihnachtsfeier im Verein
da trudln d' Freibiergsichter ein.
Is aa des Weihnachtszeig a Qual,
a Spaß und Rausch werd's allemal.

Da steht er vorn, der Präsident,
scheena Anzug, neies Hemd,
hingeschleckt des dunkle Hoar.
Nun beginnt's wia jedes Joahr:

Die Mayer Jo, des fesche Mädel,
spielt auf der Flöte zart und edel.
Mir ham zwar des Deandl gern,
doch des Geblos' mog koana hearn.

Da Schmidt Ernst tritt erhaben raus,
packt die Weihnachtsg'schichte aus.
Er stottert und verliest sich oft –
des bringt a Gaudi, wia erhofft.

Dann kummt der Fischer-Dreigesang
mim Hirtenstück aus Ofterschwang.
Singen kann ma's wohl net nenna,
eher a Hilf' zum aussi renna.

Denn aussi renna muass scho sei,
schließlich schütt ma schee was nei.
Und wenn aa mal die Leber zuckt,
des Freibier werd scho eini druckt.

Am End' da kummt no a Gedicht,
auch des Gesülz vertragn mir nicht.
Is doch des G'lall vo Fried und Freid
des Nervigste der Weihnachtszeit.

Doch nun geschieht uns großes Heil:
vorbei is der besinnlich' Teil.
Mir zapfa's neie Fassl o,
jetz san ma alle staad und froh.

A Idee kummt uns in Sinn,
dass i no net drauf kumma bin:
Warum macht ma die Weihnachtsfeier
net im Summer an am Weiher.
Saufa macht dann vui mehr Freid
ohne 'n Schmarrn der Weihnachtszeit.

Ich ärgerte mich. Ich ärgerte mich gewaltig. Mein Kompaniechef hatte mir soeben mitgeteilt, dass ich als Bundeswehrbegleitperson mit einer Gruppe von 40 Rekruten der Luftwaffenausbildungskompanie 17 in das Behindertenheim nach Ursberg fahren müsse. Dort sollten wir den Behinderten zu Weihnachten Geschenke überreichen, die aus der Kaffeekasse unserer Kompanie bezahlt worden waren, und ihnen einen schönen Tag bereiten.

Ich war Grundwehrdienstleistender, allerdings schon Obergefreiter, das heißt, ich durfte in der Ausbildungskompanie den Neuankömmlingen während ihrer Grundausbildung schon Befehle erteilen. Nun empfing ich selbst diesen Befehl, weil ich mich so gut mit Menschen unterhalten könne, wie es der Kompaniechef treffend formulierte. Ja, mit Menschen schon, aber das sind doch Behinderte!

Dieser Befehl bedeutete für mich eine Stunde früher aufstehen, erst in der Nacht zurückkommen, fünf Stunden mehr unterwegs sein als an einem normalen Diensttag. Und alles ohne Bezahlung oder Freizeitausgleich. Vielen Dank auch für diese liebe Geste, dachte ich mir.

Wir fuhren also am 12. Dezember zu diesem Behindertenheim, vielmehr Behindertendorf, wie wir auf der Fahrt dorthin erfuhren. Unser Kompaniechef erzählte uns, dass dort bis zu 2000 Behinderte leben, angefangen von leichtbehinderten Kindern, über schwerer behinderte Menschen jeder Altersklasse, bis hin zu von Kopf bis Fuß Gelähmten – ‚Wahrscheinlich sollen wir die dann auch noch herumtragen', widerte mich die Vorstellung an, als ich darüber nachdachte.

Nach zwei Stunden Fahrt kamen wir im Behindertendorf an. Ein älterer, von Freundlichkeit geradezu strotzender Mann, Herr Wohlgemut, holte uns vom Bus ab. Er war etwa 70 Jahre alt, hatte einen hässlichen grauen Anzug an und eine Krawatte, die ihre modische Hochphase vor ca. 40 Jahren erlebte. In seinem Schlepptau hatte er so ca. zehn behinderte Kinder, die sich auf uns stürzten, als hätten sie noch nie „normale" Menschen gesehen.

„Herzlich willkommen bei uns in Ursberg, meine Herren!", sagte der alte Mann. „Ich denke, es werden viele von Ihnen überrascht sein von diesem Ort, weil es hier bei uns wie in einer richtigen kleinen Stadt ist."

Ich hielt mich hinter den anderen 40 Rekruten auf, so dass ich nicht in die Gefahr kam, von einem der kleinen sabbernden Wesen berührt zu werden.

‚Hoffentlich kommen nicht noch mehr von denen', wünschte ich mir insgeheim.

Die vorderen Soldaten bei der Hand nehmend, führten uns die Kinder in ihre Schule. Ja, es war wirklich ein richtiges Dorf. Wir kamen an einer Wirtschaft vorbei, an einem kleinen Lebensmittelladen, an einer Kirche und noch an anderen Einrichtungen, die man für gewöhnlich in „normalen" Dörfern findet. Aber wir begegneten keinen „normalen" Menschen, mit Ausnahme dem einen oder anderen Pfleger. Überall nur hinkende, schielende, verkrüppelte Behinderte.

In der Schule angekommen, gingen wir in den ersten Stock, wo in einem größeren Klassenzimmer für uns selbstgebackene Plätzchen und warmer Tee vorbereitet waren. Die Kinder, die uns wie Kletten begleitet hatten, rissen sich nach und nach von den vorderen Rekruten los und verließen den Raum. Zum Glück!

Als letzter hinkte ein kleiner blonder Junge aus dem Raum. Sein rechtes Bein war anscheinend gelähmt. Er war, schätze ich, um die zehn Jahre alt, hatte einen ausgewaschenen roten Pulli mit einer kaum mehr erkennbaren Mickey Maus darauf und eine giftgrüne Kordhose an. Als ich darüber nachdachte, fiel mir ein, dass das der einzige

Junge gewesen war, der nicht mal ein stotterndes oder verstümmeltes Wort herausgebracht hatte. Während er unter dem Türstock stand, drehte er sich noch einmal um und blickte – zumindest bildete ich mir das ein – mich mit seinen großen, braunen Augen an. Es schien mir, als sehe ich in tief traurige Kinderaugen. Mich befiel ein sonderbares Verlangen, diesen Jungen aus der Nähe zu betrachten und irgendwie hoffte ich seltsamerweise, ihm noch einmal zu begegnen.

Fünf Minuten waren wir allein im Klassenzimmer, nur Herr Wohlgemut unterhielt sich mit unserem Kompaniechef. Mir ging das Bild des kleinen Jungen nicht mehr aus dem Kopf.

‚Hör auf, an so einen Schmarrn zu denken! Das ist doch nur ein Behinderter', versuchte ich mir selbst einzureden. Da klatschte jemand in die Hände. Es war Herr Wohlgemut, der uns bat Platz zu nehmen. Ich musste mich ausgerechnet neben diesen naiv grinsenden Greis setzen.

Schon kam eine Schar von ungefähr 20 behinderten Kindern laut tönend in den Raum. Alle hatten sie entweder eine Rassel oder eine kleine Trommel oder eine Triangel in der Hand und schlugen – zu meiner Überraschung – nicht einmal so falsch den Takt zu „Leise rieselt der Schnee". Dazu grölten sie laut den Liedtext mit. Auf allen Gesichtern der kleinen Wesen sah ich Stolz und Freude. Langsam begann ich, den Grund dafür zu erkennen: Diese Kinder waren einfach nur glücklich, dass ihnen jemand „Normales" Beachtung schenkte.

‚Behinderte, Behinderte, das sind alles nur Behinderte', die Stimme in mir wurde kurzzeitig leiser. Ich suchte unter den Kindern den kleinen, traurigen Jungen. Er war nicht dabei.

Nachdem das Lied zu Ende war, stand Herr Wohlgemut auf, um uns nochmals offiziell willkommen zu heißen. Er freue sich von ganzem Herzen, dass sich Soldaten um das

Wohl der Kinder hier kümmerten. Man merkte ihm dabei an, wie sehr er das ganze Dorf als seine Lebensaufgabe und die Freude der darin Wohnenden als sein höchstes Ziel ansah. Dennoch fiel ich wieder in meine alte Überzeugung zurück und dachte: ,Du bist ja freiwillig hier, alter Mann! Dich macht's ja glücklich! Ich bin auf Befehl hier! Mich nervt's gewaltig.'

Herr Wohlgemut fuhr in seiner Rede fort, erzählte von dem Aufbau des Behindertendorfes und der lieben Unterstützung vieler, vieler Menschen. Schließlich endete er mit den Worten: „In einer Zeit, in der nur noch teure, materielle Geschenke zählen, soll dieser Ort eine Zuflucht sein. Eine Zuflucht für alle diejenigen, die Menschen kennen lernen wollen, für die ein liebes Wort oder ein herzliches Lächeln mehr zählt als das größte, beste und teuerste Geschenk der ganzen Welt." Er setzte sich.

Irgendwie stieg in mir ein ganz klein wenig Bewunderung für den stets lächelnden und weise wirkenden Mann auf, den ich zuvor eher belächelt hatte.

Nach einigen Augenblicken der Stille begann der Kinderchor mit demselben Elan wie zuvor das Lied „Alle Jahre wieder" vorzutragen. Dann kam der Höhepunkt dieser kleinen Feierlichkeit. Eine zierliche brünette Frau um die 30 trat vor und kündigte ein Weihnachtsspiel an, welches die Kinder der Klassen 4a und 4b gemeinsam einstudiert hätten. Wie sich herausstellte, war sie die Lehrerin der Klasse 4a und hatte dieses kleine Stück extra für den heutigen Tag umgeschrieben und mit den Kindern geprobt. Es gehe um den Nikolaus, der ohne viel zu sagen und fragen den armen Menschen eines Fischerdorfes in Antalya durch Mut und die Hilfe Gottes Säcke voller Nahrung schenkte.

Das Weihnachtsspiel begann. Ich sah den Nikolaus hereinhinken. Das Kind hatte einen herrlichen purpurnen Mantel an, eine mit Gold bestickte Bischofsmütze, einen buschigen weißen Bart, einen großen Bischofsstab. Und es hatte traurige Augen.

‚Er ist es! Der kleine von vorher!', schoss mir durch den Kopf. Ich spürte in mir eine gewisse Freude aufkommen, die ich mir nicht erklären konnte und für die ich selbst kein Verständnis hatte. Ich bekam nur unterbewusst mit, dass der Nikolaus allein durch Gesten Matrosen überredete, ihm Lebensmittel zu geben und diese danach unter den Armen verteilte. Ich bekam auch nur unterbewusst mit, dass es für die Menschen des Fischerdorfes der glücklichste Tag in ihrem Leben war.

Meine Blicke waren zwar auf den Bischof Nikolaus gerichtet, aber eigentlich dachte ich über das Schicksal dieses kleinen Kindes nach. Meine Gedanken kreisten um die Frage, was einem Jungen zugestoßen sein muss, der so traurige Augen besaß. Erst als ein freundlicher, aufrichtiger Applaus einsetzte, schreckte ich aus meinen Gedanken auf.

„Herr Wohlgemut", fragte ich den alten Mann, „sagen Sie, der Nikolaus, wie heißt er?"

„Felix Glück", antwortete der Herr freundlich, „ein armer, lieber Kerl."

„Was ist mit ihm?", ich konnte meine Neugier nicht länger unterdrücken. „Ist er stumm? Warum schaut er so traurig?"

„Nun", sagte Herr Wohlgemut, das Lächeln wich aus seinem Gesicht und zum ersten Mal sah ich ihn mit ernster Miene, „ich glaube nicht, dass er stumm ist. Vielmehr will er nicht mehr mit uns reden, weil er Angst hat!"

„Angst? Wovor?"

„Schau her, mein Junge", – ich hasse es, wenn ältere Leute zu mir „mein Junge" sagen, aber hier fand ich es komischerweise passend und hörte weiter interessiert zu – „der Felix, der ist mit fünfeinhalb Jahren von einer Treppe heruntergefallen und hat sich das rechte Bein gebrochen.

74

Eigentlich kein schlimmer Bruch, doch die Ärzte haben einen Fehler gemacht und Felix konnte seitdem sein Bein nicht mehr abwinkeln, es ist nahezu lahm. Die Eltern von Felix haben sich wohl sehr stark gestritten, nicht wegen dem Bein, nein, wahrscheinlich schon vorher und wegen anderen Dingen. Sie sahen es schließlich für besser an sich zu trennen, als Felix gerade sechs geworden war. Natürlich dachte sich der arme Junge, dass sein lahmes Bein an allem Schuld sei. Von dem Tag an", wir bemerkten nur nebenbei, dass während wir redeten der Kinderchor mit „Süßer die Glocken nie klingen" einsetzte, „hat der Felix begonnen zu stottern und sich unwohl zu fühlen. Kurz darauf fing ein neues Schuljahr an und er kam in die erste Klasse. Du kannst Dir ja vorstellen, mein Junge, wie ein Kind, das hinkt und stottert, von anderen Kindern gehänselt wird. Kinder können grausam sein. Nach einiger Zeit hörte Felix auf zu sprechen, er wollte sich die Häme anscheinend ersparen. Die Grundschullehrerin empfahl daraufhin der Mutter, dass es besser sei, den ‚Behinderten' zu uns in die Schule zu schicken. Seitdem ist er hier. Traurig und stumm. Ich denke, er hat einfach nur Angst davor, dass ihn ein weiterer Schicksalsschlag Unheil zufügen könnte."

Fast gleichzeitig mit den Worten des alten Mannes endete auch das Weihnachtslied. Er stand auf, während ich, ergriffen von diesem ungerechten Schicksal, mich wieder in meinen Gedanken verlor. Auf einem hohen Ross war ich hierher gekommen, zu stolz, um mich mit Behinderten zu beschäftigen, und ekelte mich vor der Vorstellung, einen von diesen berühren zu müssen. Doch nun?

Plötzlich klopfte mir ganz leicht jemand auf die Schulter. Ich reagierte nicht und es klopfte noch einmal. Ich schlug meine Augen auf, die ich anscheinend völlig unbewusst geschlossen hatte. Er stand vor mir. Felix, der ‚Behinderte'. Felix, mit den traurigen Augen.

‚Was will er von mir?', dachte ich unsicher. Der Junge hatte sich mittlerweile seines Bartes und seiner übrigen Bischofsinsignien entledigt und schaute stumm in meine Augen. Nach einem Moment peinlicher Stille überwand ich mich und fand meine Stimme wieder.

„Na kleiner Mann, wer bist denn du?", es viel mir schwer, die richtigen Worte zu finden. „Du bist bestimmt der Felix. Felix, der Schauspieler. Hast du deine Nikolaussachen ausgezogen? Siehst so ja noch viel hübscher aus."

Felix starrte mich nur an, erwartungsvoll wie mir schien. Erst jetzt bemerkte ich, dass sich alle anderen Behindert ...äh... alle anderen Kinder einen Partner aus unseren Reihen gesucht hatten, um mit diesem zum Lied „Schneeflöckchen, Weißröckchen" zu tanzen.

„Magst du auch tanzen?", fragte ich ihn. „Aber ich muss dich warnen, meine Freundin hat nach jedem Tanzabend ganz blaue Zehen, weil ich so schlecht tanze."

Er sagte nichts. Er streckte mir nur seine Hand entgegen. Ich bildete mir ein, ein kurzes Flackern in seinen Augen zu sehen, konnte es aber nicht deuten. Gern, aber dennoch innerlich zitternd, nahm ich seine Hand. Die kleine, weiche Hand war warm und gerade mal so groß wie meine Handfläche.

„Na gut, Kleiner, du willst es so haben." Seine Hand haltend verlor ich langsam meine Unsicherheit und versuchte, ein paar Scherze mit ihm zu machen. „Wir werden bestimmt zu den besten Tänzern auf der ganzen Tanzfläche gewählt! Aber das verdanke ich dann natürlich nur dir, da du als brillanter Tänzer mich als deinen Partner gewählt hast!"

Ein kurzes Schmunzeln huschte über seine Lippen. Ich sah es. Langsam wuchs in mir eine seltsame Freude. Wir tanzten weiter, Felix schaute mich an, hörte mir zu und schmunzelte ab und an. Irgendwie spürte ich, dass zumindest für die Dauer des Tanzes die Traurigkeit aus den Augen des kleinen Jungen ein klein wenig verschwand.

Beim letzten Takt des Liedes kniete ich mich auf den Boden – wir waren nun annähernd gleich groß – und umarmte ihn. Ich schaute ihm in die Augen. Er hatte ganz dunkle braune Augen. Die Trauer war nicht ganz aus ihnen gewichen, aber dennoch erkannte ich die aufgeweckten Augen eines Zehnjährigen, der verzweifelt nach glücklichen Stunden in seinem Leben suchte. Mit seinem Blick schien er mir zeigen zu wollen, dass dies für ihn ein solcher Moment sei.

Ich schämte mich in diesem Moment für meine vorherigen Gedanken und wusste nicht, warum ich so unglaublich gemein gewesen war. Ich wusste nur, dass dieser Junge, dieser kleine, behinderte Junge es verdammt noch mal verdient hatte, dass ich ihm in diesem Augenblick alles schenke, wozu ich fähig bin – meine Aufmerksamkeit, mein Verständnis, meine Freundlichkeit, meine Wärme.

Dann hob ich Felix hoch, drückte ihn fest an mich und drehte mich mit ihm einige Male um die eigene Achse. Da hörte ich es und wahrscheinlich hörte es der ganze Raum. Ich höre es noch heute, als sei es erst gestern gewesen. Felix hat laut und aus tiefster Seele heraus gelacht. Dieses Lachen war so herzzerreißend, es kam von so tief drin.

Als ich ihn weiter im Kreis herumdrehte, wusste ich nicht, ob ich lachen oder weinen sollte. Ich wusste nur, dass ich so etwas noch nie in mir gespürt hatte. Niemals hätte ich mir Träumen lassen, dass mir ausgerechnet ein lächerliches Lachen zeigen könnte, was Weihnachten wirklich bedeutet.

MINGANA CHRISTKINDLTRAM

In Minga gibt's a Straßenbahn,
die nennt sich dort „Christkindltram".

Echt urig bayrisch geht's da zua
bei jeder Münchner Weihnachtsfuhr.

Da quetscht di nei zwischen die Sitze,
d' Kinder packt ma in die Ritze,
vor lauter Leid san d'Scheibn anglaufen,
doch des stört net beim Glühwein saufen.
Die Musi kimmt zwar nur vom Band,
doch is sie allen guad bekannt:
die bayrischsten Liader packt ma aus,
da hear'st „Last Christmas" und „Santa Claus".
Girlanden hänga obn und unten,
zwar net die scheena, aber d' bunten,
Strohstern und Engal bleibn dahoam,
weil's net vo dene Amis woarn.
Statt Christkindal und Nikolaus
ziahngs d'rote Züpfekappn raus,
denn der guade Weihnachtsmann
kimmt bei Tourisdn besser an.

Schee langsam rollt die Tram dann los.
Die Aufregung werd spürbar groß.
Begrüßt werd' ma vom Münchner Knaben,
den heart ma glei tiefstbayrisch sagen:
„Sehr geehrte Damen und Herren,
wir bitten Sie nichts zu versperren,
dreißig Minuten wird man fahren,
tuen Sie bitte nicht am Trinken sparen,
weil so nur wird es richtig urig.
Danke, Ihr Marcel Leon von Stuhrig."

„Christkindltram" werd des zwar g'nannt,
doch is dort koam s' Christkind bekannt.
Mit „bayrisch" hod's nix mehr am Huat –
doch Hauptsach is: da Punsch is guad.

Mei Mo geht eigentlich nie mit mir fort. Wenn dann macht er des alloa. Zum Beischpui geht er alloa in Frühschoppen zum Karten schpuin, alloa in Dämmerschoppen zum Bier dringa und alloa auf diverse Sitzungen und Versammlungen zum Karten schpuin, Bier dringa und gscheit daherlalln.

Um so mehr hod's mi gfreut, als mei Mo vor zwoa Wocha am ersden Advent mit zwoa Karten in de Händ hoamkemma is.

„Da schau her, Anna", hod er gsagt zu mir, „i hob vo meim Chef zwoa Karten für des groaße Weihnachtskonzert vo die Schwoarzen in Minga kriagt. Des is in da Olympiahalle. Mei Chef hat die gschenkt kriagt und kann net higeh. Mogst mit?"

Natürlich woid i mit, da i ja froh bin, wenn i aa mal mit fortgeh dearf. Normalerweis macht nämlich mei Mo ois, wos mit unserer bayerischen Heimatpartei, da CSU, zum dua hod ohne mi.

Des sei a bsundare Ehr, wenn ma da hidearf, hod er mir dann aa erzählt und sei Chef kriagt die Karten wahrscheinlich nur, weil er doch da Kreisvorschtand vo da Partei sei. Mei Mo als kloana Ortsverbandsvorschtand hod da natürlich koa Chance – normalerweis.

Aba jetzad ham mir die Karten und i hobs kaum no erwarten kenna, bis endlich da dreizehnte Dezember kimmt. Schneller als gedacht woar's dann so weit. I hob mei scheens Sunndogstrachtengwand rauszogn, mi zum ersdn moi im Joahr gscheit gschminkt – mei, normalerweise braucht ma's ja net unterm Joahr –, meine Hoar naufgsteckt, mein guaden Huad aufgsetzt und sogoar extra no a zwoats moi meine Zäh putzt – des san übrigens no meine echten, des glaubt mir allawei koana, weils no so guad erhalten san, aber mei Muada hod scho vo Ofang o zu mir gsagt: „Anna, bei deine scheena Zäh werst du moi koane Dritten braucha." Und bisher hods recht ghobt.

Mei Mo hod si natürlich net so schee hergricht, aber zumindest hat er sein guaden Trachtenjanker und sein Schützenhuad aufghockt, is ja aa wos.

Dann san mir zum Bahnhof gfoahrn, weil mir uns dacht ham, dass mim Zug doch vü angenehmer is als mim Auto und außerdem is des ja mim Bayernticket so was vo billig, dass ma da net zwoa moi überlegn muass.

Mir genga oiso in Zug nei und die Leit ham uns alle ogschaut, wia wenn ma vo am andern Stern kemma dadn. Glaubst da's, da muasst di in am bayerischen Zug oschaun lassen, weil'sd in Tracht aus'm Haus gehst, des kann doch net sei, oda?!?

Auf jeden Fall san mir nach a gemütlichen Zugfahrt dann in Minga okemma. Mei der Hauptbahnhof da, der is so groaß, da sieht ma so vui vaschiedene Leit: lange, kloane, dicke, dünne, weiße; und aa gelbe, rode und schwoarze – ja, ja, vo überall kemma's her, des is hoid die heitige globale Welt, aber mir macht des nix, i gfrei mi ja für solche Leit.

Mit da U-Bahn san mir dann zur Olympiahalle gfoahrn. Mei i woaß goar net, wos da für unverschamte Leit rumlaffa in dera U-Bahn. Geh i doch zu am freien Platz hi und frog den, der daneben hockt: „Entschuldigen Sie bitte, ist der Platz noch frei?"

Dann schaut mi der o, wia wenn i an Elefantenrüssel im Gsicht hätt, und sogt: „Hey Alte, was willstn du von mir."

Da woar i dann aber wirklich entsetzt, hob eam mit einem bitterbösen, verachtenden Blick gestraft, hob mi aus Protest umdraht und bin woanders higanga. So wos hob i nämlich nicht nötig. So schaut's aus.

Mir woarn ja dann eh boid am Olympiazentrum. A riesen Menschenmasse is da mit uns ausgstiegn und is zur Olympiahalle geströmt. Aba i muass scho sogn, auftakelt woardn die teilweise, aa wos hoaßt auftakelt, ogschmiert woarns wia Harlekinpuppn, dass scho goar nimmer schee woar. Da moant ma ja glei, die kemma oamoi im Joahr ausm Haus und müssen si deswegn omaln wia Indianer. Naa, naa, naa, so übertreiben braucht ma's net, schließlich is ja doch nur a Weihnachtsveranstaltung vo da Partei und net a Schönheitswettbewerb.

Mir genga dann also in die Olympiahalle nei und hocka uns auf unsern Platz. Man glaubt es nicht, wia mi und mein Mo die Leit ogschaut ham. I sog's ja, wia wenn mir vo am andern Stern kumma dadn. Nur weil mir, so weit i sehng konnte, die oanzign in Tracht woarn.

„Gott mit dir, du armes Land der Bayern", hob i zu meim Mo gsagt.

Also oane, die neba uns ghockt woar, die hod mi die ganze Zeit ja so wos vo unvaschämt vo da Seitn ogschaut, da hob i's dann aa nimmer ausghalten und ihr knallhoart ins Gsicht gsagt: „Ja mei, da braucha's mi goar net so oschaun, gell. Mir san halt no stolz drauf, Bayern zum sei. Und deswegen kleid ma uns aa so. I dad mi an eanara Stell' schämen, dass ma so auf a Weihnachtsveranstaltung vo die Schwoarzen geht."

Da hod's dann aa nimmer rübergschaut, die Schoas-wiesn, die greisliche.

Mei Mo und i, mir woarn dann wirklich a bissl nervös, kurz bevors losganga is. Schließlich gibt's ja so a große Veranstaltung vo unsara Partei net allzu oft. Wos i halt net vasteh is, warum ma bei so a bayerischen Veranstaltung net zumindest aa a boar bayerische Weihnachtslieder durch die Lautsprecher spuin ko. Da is wirklich nur so a amerikanisches Liederzeig kumma, des koa Mensch vasteh ko.

Zum Glück hod's dann nimmer lang dauert und es is Achte wordn. Dann san auf oamal alle Lichter ausganga, a Fanfare is ertönt, lauter so seltsame Lichtblitze ham ganz schnell die Halle hell gmacht und a vui zu lauter Trommelwirbel is dazu eigspuit wordn.

Da muass i scho sogn, dass mir des dann doch a bissl zu hektisch woar ois. Die Weihnachtsfeiern, die i vo dahoam gwohnt bin, bei dene geht's halt gmiatlicher zua und net so neimodisch. Des waa ja aa nix, wenn beim Mayerwirt auf oamal lauter Lichtblitze in da Wirtsstubn waan, hod mei Mo zu mir gsogt, als i eam meine Gedanken mitteilt hob. Und da hod er wohl a Recht ghabt.

Des woar aba erst da Ofang. Denn dann san doch tatsächlich ungefähr hundertfuchzig Schwoarze in lange, blaue, griane und rode Kittel kemma, ham si higstellt und ham zum Klatschen ogfanga. Also so rhythmisch hams klatscht, so klatsch-klakla-klatsch-kla, und des dann immer schneller und in immer neie Varianten. Und dann is so a ganz a Fette vortreten und hat zum Johlen ogfanga.

„I woaß fei net, Sepp", hob i da zu meim Mo gsagt. „Also natürlich san mir in da Groaßstod, aba deswegn muass die CSU net die ganzen Ne.., äh, Schwoarzen auf'd Bühne stelln."

„Da host Recht, Anna, aber vielleicht soll's zur Integration sei."

Nachdem nach a halben Stund immer no koa Gschichtenvorleser, koa Volksmusiksänger und koa Parteivorstand da woar und koa deitsch Wort auf dera Bühne gsunga und gsogt wordn is, is mir und meim Mo zu bleed wordn. Mir san aufgstanden und nausganga, da kenna mir nämlich nix.

Ehrlich gsogt, mir san wirklich tolerant, da gibt's goar nix, mir san absolut dafür, die Ausländer eizumbinden. Aber, aber, aber bei a Weihnachtsveranstaltung in so am Rahmen muass ma des ja wirklich net übertreiben. Deswegn san mir dann no ins Hofbräuhaus gfoahrn, ham uns an gscheiten Schweinsbroten und zwoa Mass kafft und san dann wieder hoamgfoahrn.

Und am nächgschden Dog hat mei Sepp sofort aus Protest der CSU an Briaf gschriebn, weil die Partei derf si aa net alles erlaubn und so wos ham mir nämlich nicht nötig.

Weihnachten leben
– Mit da Familie

MEI VATER HAT MIT MIR AN BRAUCH

Mei Vater hat mit mir an Brauch,
den kennt a jeder Bayer auch.
Vorm Heilig' Abend wart ma drauf,
dass dunkel werd bei uns im Gai.
Dann schlupf ma g'schwind in d' Jacken nei,
d' Säg' holn mir aus dem Keller rauf,
aa's Taschenmesser klapp ma auf.

Dahoam ham mir uns kurz vasteckt,
scho stapf' ma still und leise weg,
damit uns d' Muada net entdeckt,
weil's sunst si glei vui z'stoark aufregt.
Mei Vater sogt: „Es hat koan Zweck.
A Frau hat halt koan Sinn fürn Brauch."
Und dieser Meinung bin i auch.

Da Weg zu unserm Weihnachtsbrauch
geht nei in Wald durch Baum und Strauch.
Im Schlaf kannt i den heit no gehn;
seit i ganz kloa gewesen bin,
geh i mim Vater scho dorthin.
Viel Schönes kann ma dort stehn sehn.
An Hauch vom Brauch spürt ma da wehn.

Derweil spaziern mir nei in Wald,
da steht er vor uns grün und besser
als letztes Joahr. Zück' Säg und Messer!
Nun hört nur wie es friedlich schallt:
„Oh Tannenbaum, er fallt, er fallt."

Der Baum fällt um, im Wald bleibt's stumm.
Wir wickeln Stoff ums Bäumal rum,
denn schließlich soll nicht jeder sehn,
dass wir an Christbaum klauen gehn.
„…so hab's i mit meim Pap' scho g'macht",
des sogt mei Vater leis' und lacht.

Wir schleichen uns beim Wald hinaus,
sehn schemenhaft scho unser Haus.
A Licht geht an.
A Mann springt ran.
A grünes Auto, blaues Licht –
ach, weihnachtlich is des wohl nicht.
Er schreit laut: „Polizei!" und „Stopp!"
Da wusst' ma: Uih, des woar a Flopp.

Drum lasst's eich sogn, ihr liaben Leit,
und denkt's dran in da staaden Zeit:
A scheena Brauch, egal wie alt,
schützt nicht vor staatlicher Gewalt.

DER STURE CHRISTBAM

Hergott naa, du bleeder Baam,
di kon i heier wieder drahn,
links und rechts und hin und her,
mogst wohl, dass i deppert wer'.

Du regst mi auf, des sog i dir,
wenn i erst die Geduld verlier',
schmeiß i di zum Fenster naus –
nix werd's mim scheena Weihnachtshaus.

Wennst net grod werst, irgendwie,
und di ostrengst so wia i,
dann rucka mir zwoa sakrisch zam.
Is glei vorbei mim Weihnachtsbaam!

Du bist stur, des bin i aa!
Doch aus is mim Halleluja –
verschürt werst in der Heil'gen Nacht!
Da siehgst'as, wer als Letzter lacht.

WEIHNACHTSGSANG

An einem Abend jedes Jahr
erschrickt die ganze Engelsschar.
Da halten sie sich d' Ohren zu –
die Menschen störn die Weihnachtsruh.

Jeder packt des G'sangbuch aus:
G'sungen werd in jedem Haus.
Denn dann stimmt der Vater an
seinen weihnachtlichen G'sang.

Und die Mutter setzt mit ein
mit dazua die Kinderlein.
Die Omas kenn'as aa net lassen
des Gesangbuch anzufassen.

Jeder singt so wie er will:
der eine laut, der andre still,
der eine hoch, der andre tief,
der eine klar, der andre schief.

Doch wenn's a no so fälschlich klingt,
schön ist's trotzdem, wenn man singt.
Die Ohren halten's sicher aus
und Hauptsach': d' Freud' kehrt ein ins Haus.

Tausend bunte Christbaumkugeln

Tausend bunte Christbaumkugeln
liegen in meim Schrank.
Tausend bunte Christbaumkugeln
machen mi no krank.

Jedes Jahr vor Heilig Abend
da geh ich, das Unheil ahnend,
langsam in den Kellerraum,
um nach Kugeln dort zu schaun.

In einem Schrank aus Ebenholz
da liegen sie, ganz bunt und stolz,
in großen und in kleinen Formen
und nach Multikulti-Normen.

Jetzt beginnt die Plackerei,
die endlos Rumgegrübelei;
niemand steht mir da zur Seite,
jeder sucht ganz schnell das Weite.

Es quälen mich die Weihnachtsfragen:
Was soll mein Baum denn heuer tragen?
Denn grüne Nadeln reichen kaum
für einen schönen Weihnachtsbaum.

Welche Farben soll ich wählen?
Wie viel Kugeln heut abzählen?
Welche Form ist heuer in?
Welche Größ' macht wirklich Sinn?

Schließlich pack ich rote, blaue,
weißgetupfte und auch graue,
gelbe und die sternengleichen,
ließ mich auch für Grün erweichen –

Alle nehm' ich auf einmal,
werd' besiegen diese Qual.
Steige schnell die Treppe rauf,
setz' mir ein fröhlich' Schmunzeln auf
und ich schmeiße voller Wonne
… alle in die Abfalltonne.

Die Moral von dem Gedicht:
Quäle dich zur Weihnacht nicht!

DAS „KRIPPENSPIEL"

Der kleine Bub schaut freudig drunter
untern bunten Weihnachtsbaum
und er will dann, froh und munter,
die Figuren dort anschaun.

Da fliegt das Lego in die Ecke,
er will nicht mehr das Playmobil,
die Puppen bleibn unter der Decke –
da gibt es wirklich nur ein Spiel.

Listig blickt er sich dann um,
wo die Eltern grade sind.
Denn das wäre wirklich dumm,
wenn der Vater ihn jetzt find.

Hirten, Schafe und auch Hunde,
Maria, Josef und das Kind –
alle sind zur Weihnachtsstunde
als Kinderspielerei bestimmt.

Schön geordnet waren alle,
streng vom Vater aufgestellt,
doch nun sitzen's in der Falle
in ihrer heilen Krippenwelt.

Der Josef wird ein starker Cowboy,
zu Indianern werdn die Hirten,
und Maria, lieb und treu,
muss sie alle dann bewirten.

Den Schafen legt man Sättel drauf,
werden stolze Westernpferde
und steigt der Indianer auf
dann folgt nach ihm die ganze Herde.

Von dem Stall aus Stein und Holz
wird das „Gloria" abgehängt
und der Bub hat voller Stolz
dafür „Saloon" dort hingehängt.

Federboas kriegn die Engel
aus Schnüren und aus Schaum
und die kleinen Hirtenbengel
sind am Weihnachts-marter-baum.

Eine Westernwelt auf Moos
hat der Bub sich aufgebaut.
Jetzt geht's gleich zum Spielen los –
wie niedlich hat's da ausgeschaut.

Doch jetzt kommt der Vater rein
und sieht die Westernwelt,
springt in die Luft, beginnt zu schrein…
Ob's ihm wohl nicht gefällt?!?

GENÜSSLICHE WEIHNACHTSRUH

A fette Gans und literweis'
Glühwein, Punsch und Himbeereis,
Lebkuchen, Plätzchen und auch Nüsse,
Umarmung, liebevolle Küsse.

Fünf Kilo mehr nach nur drei Tagen,
denkt man doch nun: Es platzt der Magen.
Keiner bringt mehr d' Hosen zu,
gesegnet seist du, Weihnachtsruh!

BIO-KINDER-WEIHNACHT

Aha, nen Schokonikolaus
und ein buntes Hexenhaus
schenkt ihr mir?!? Hurra!
Naja… naja… naja…

Welche Stoffe sind denn drin?
Wie viel Chemie und wie viel Sinn?
Wie viel Zucker? Wie viel Fette?
Gibt es eine Schutzplakette?

Oder wollt ihr etwa sagen:
Ihr kauftet ohne nachzufragen?
Wollt ihr mich etwa vergiften
mit diesen unsäglichen Giften?

Da krieg ich doch ne Allergie,
schlechte Haut und krumme Knie.
Ich vertrag nur Bio pur
ohne Zusatz, nur Natur.

„Wir wollten nur ne Freude machen."
Eine Freude?!? Ich muss lachen!
Soll ich fürs Gift noch dankbar sein?!?
Nehmt den Müll und fahrt schnell heim!

DER KLOANE LORD

Schatz,
etz kummt glei da kloane Lord.
Schau ma den o? Des waa schee.

I
mog den Schmarrn net jed's Joahr sehng.
Immer da gleiche Frauenkrampf, glaubst d'as.

Schatz,
bitte, i mog des halt oafach so gern.
Da kumm i so richtig in Weihnachtsstimmung.

I
kumm mit dem Film net in Weihnachtsstimmung.
Aba guad, weil Weihnachten is derfst den oschaun.

…

Schatz,
is alles guad bei dir? Hast wos im Aug'?
Oder hast dir an Schnupfa g'holt?

I
hab mi net vakühlt und im Aug hob i a nix!
Mir regt nur der Film so auf.

Schatz,
also guad, dann schalt i was anders her.
Du hast mi überzeugt, kummt nächts Joahr eh wieder.

I
moan des fei net so, lass no da.
Des passt scho, derfst scho oschaun.

Schatz,
naa, des mog i net, wenn du di so quälst!
Schließlich soll ma beide des Programm bestimmen.

I
möcht aber, dass du den klona Lord sehng kannst.
Punkt, aus, basta, guad is.

Schatz,
sog moi, hast du wirklich nichts im Aug'?
Die schaun so wassrig aus.

I
hob nix in die Augn, is nur a Zug g'wesen.
Jetz schau dein Schmarrnfilm o, sonst werd i grantig.

Um Weihnachten rum

ALLERHEILIGEN

Du liegst da
Mein Lächeln fliegt zu dir
Stille
Die Kerze weint
Rötlicher Schimmer durchsticht schwarze Masse
Helligkeit
Ich sehe dich
In Gedanken fallen Worte
Vertrautheit
Ich höre deine Stimme
Erinnerung entschwebt in grauen Schatten
Sehnsucht
Tränen gehen auf den Weg zu dir
Die Erde weint

DU MACHT

Du Macht
Die mich leitet
Du Macht
Die mich treibt
Du hast
Mich begleitet
Du bist
Es die bleibt.

In
Deinen Händen
Liegt
All Mein Tun
Will
Nicht verschwenden
Will
Noch nicht ruhn.

BLICK ZURÜCK

Blick zurück auf's letzte Joahr –
s' kummt ma wia a Schatten vor,
der verschwind und nimmer ist,
den ma nach und nach vergisst.

Schee war's trotzdem, irgendwie,
und diaf drin vagisst ma's nie:
So manches Leid, so manche Freid,
so mancher Streit, so wenig Zeit.
Wenn d' Erinnerung aa stark verblasst,
seid's eich gwiss, es hod scho passt.

Nei's Joahr, jetz greif ma schwungvoll o!
Anders werd's nun, so und so.
Vui Nei's kummt jetzad auf uns zua,
selten kummt ma da zur Ruah;
Hauptsach' is, ma bleibt net steh',
denn s' Leb'n muass schliaßlich weida geh'.

Blick zurück auf's letzte Joahr –
s' kummt ma wia a Schatten vor,
der verschwind, dem Neia weicht.
Schau nach vorn! Dann fallt's dir leicht.

Ein wundervolles Weihnachtsfest mit
viel Freude und lieben Menschen
wünscht Euch allen

Hans–Peter Schneider

Hans-Peter Schneider   Christiane Franke

Eine kleine Biene kann nicht nur ein Engel sein –
und genau deshalb muss man sie einfach lieb haben!

Die kleine Biene Naseweiß
– Drei Kindergeschichten aus dem Summbrumm-Wäldchen –
von Hans-Peter Schneider (Text)
und Christiane Franke (Bild)

Ab Ende 2009 überall im Buchhandel

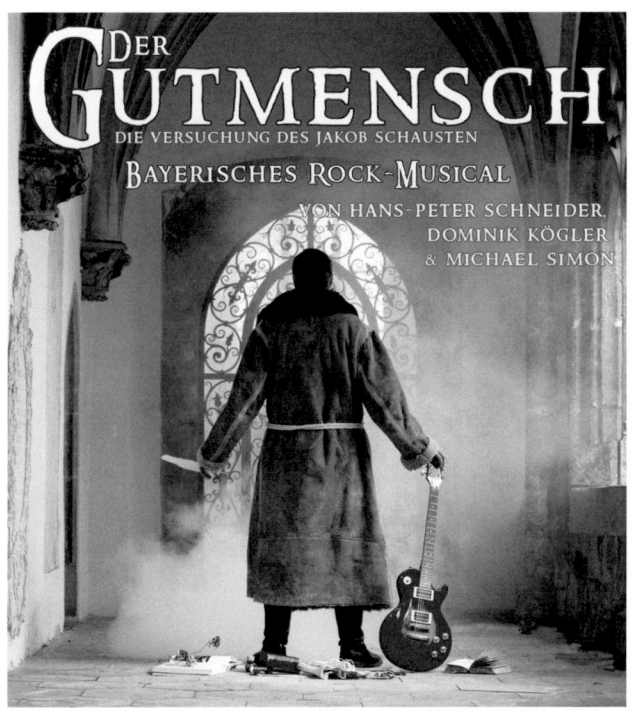

Ich freue mich über

Zuschriften an
info@h-pschneider.de

und über

Besuch auf meiner Homepage
www.h-pschneider.de